KINZAI バリュー叢書

粉飾決算企業で学ぶ
実践「財務三表」の見方
【増補改訂版】

公認会計士・税理士
都井　清史 [著]

一般社団法人 金融財政事情研究会

■改訂にあたって

　前著である初版の発刊から7年が過ぎ、この間に大企業である㈱東芝の経営状況の悪化に伴う不健全会計など、当時は想像もできなかった問題が次々と表面化しました。

　10年ひと昔といいますが、わずか5年でわが国を取り巻く経済環境や企業会計に関する見方は大きく変貌したように思います。

　5年前に刊行した前著に関しては、粉飾決算が貸借対照表と損益計算書に与える影響の相互の関係についての解説や、各会社の粉飾決算の具体的事例が、どの粉飾のパターンに当てはまるのかについての記述が十分でなかったように思います。

　本著ではこれらについて改良するとともに再度整理することで、より体系的かつ理論的でわかりやすい内容にすることに努めました。

　また、前著では不足していた中小企業特有の事情、たとえば会社と役員と役員一族が一体となっている点などについての言及も増補しています。

　本著が皆様の実務に少しでも役立てば、筆者の望外の喜びです。

2018年2月

公認会計士・税理士

都井　清史

■はじめに

　本書は銀行、信用金庫、信用組合やリース会社などの金融機関にお勤めの方などを対象に、決算書を利用して会社の信用や業績を評価する際の注意点についてまとめています。

　いわゆる経営分析の本は投資家向けに書かれているものが多く、債権者向けにはなっていません。

　ここでは、債権者の立場から決算書をどうみればよいかについて記述しています。

　特に中小企業の決算書では、意図的にわずかな利益やわずかな純資産としているケースが多く、そのまま利用すると会社の思うツボとなり、騙される結果になります。

　ただそういった決算書でも利用価値は十分にありますので、その際の利用の仕方にも言及しています。

　また、経営上問題のある会社や実際に倒産した会社の事例も豊富に入れてあります。

　特に黒字倒産のケースを多く入れたのですが、キャッシュフローでみると問題の隠しようがなく、倒産会社では営業活動によるキャッシュフローは大赤字のケースがほとんどです。

　このため、貸借対照表と損益計算書だけでなく、キャッシュフロー計算書についても、かなりのページを割きました。

　さらに後半では『中小企業の会計指針』のポイントを入れていますので、中小企業特有の決算についての理解の参考にしていただければ幸いです。

本書が皆様の実務に役立つことを願ってやみません。
　最後に金融財政事情研究会出版部の皆様、いつも温かく見守ってくださる恩師である神戸大学名誉教授高田正淳先生に深くお礼を申し上げたいと思います。

2011年3月1日

　　　　　　　　　　　　公認会計士・税理士

　　　　　　　　　　　　　　都井　清史

目　次

I
貸借対照表、損益計算書、キャッシュフロー計算書と株主資本等変動計算書

1　貸借対照表 ………………………………………………………………… 2
　(1)　貸借対照表の概要 ……………………………………………………… 2
　(2)　棚卸資産（在庫）の滞留について ………………………………… 10
　(3)　売掛金と受取手形（売上債権）の滞留について ………………… 17
　(4)　その他の流動資産の滞留について ………………………………… 22
　　◆コラム①　粉飾のパターンの整理 ………………………………… 26
　　◆コラム②　資産とは何か、負債とは何か ………………………… 28
　(5)　支払手形と買掛金（仕入債務または買入債務）の
　　　 滞留と減少について …………………………………………………… 29
　(6)　運転資金（運転資本）について …………………………………… 31
　(7)　設備投資・投融資について ………………………………………… 32
　　◆コラム③　「のれん」の資産性（資産価値）について ………… 35
　(8)　繰延資産について …………………………………………………… 36
　(9)　短期借入金について ………………………………………………… 38
　(10)　未払金・未払費用について ………………………………………… 39
　(11)　引当金について ……………………………………………………… 40
　(12)　純資産について ……………………………………………………… 43
2　損益計算書 ……………………………………………………………… 48
　(1)　損益計算書の概要 …………………………………………………… 48

(2)　損益計算書の見方のポイント ……………………………… 52
　(3)　売上高の見方のポイント …………………………………… 54
　(4)　売上原価の見方のポイント ………………………………… 59
　(5)　販売費および一般管理費の見方のポイント ……………… 62
　　◆コラム④　減価償却について ……………………………… 67
　(6)　営業外収益の見方のポイント ……………………………… 68
　(7)　営業外費用の見方のポイント ……………………………… 69
　(8)　特別損益の見方のポイント ………………………………… 71
　　◆コラム⑤　会社・役員間取引、会社・従業員間取引について …… 75
　　◆コラム⑥　利益・損失の付替えについて ………………… 77
　　◆コラム⑦　共謀による不正支出について ………………… 79
　(9)　事例研究 ……………………………………………………… 80
　(10)　少額の利益または少額の純資産 …………………………… 88
　　◆コラム⑧　貸借対照表の実践的な見方 …………………… 91
　　◆コラム⑨　内部統制とその限界について ………………… 94
3　キャッシュフロー計算書 ………………………………………… 95
　(1)　キャッシュフローと損益について ………………………… 95
　(2)　キャッシュフロー計算書の概要 …………………………… 101
　(3)　運転資金(運転資本)とキャッシュフロー ……………… 111
　(4)　キャッシュフロー計算書の見方のポイント ……………… 114
　　◆コラム⑩　キャッシュフローと新しい会計基準の関係 …… 119
　　◆コラム⑪　キャッシュフロー計算書について …………… 120
　(5)　事例研究 ……………………………………………………… 121
4　株主資本等変動計算書 …………………………………………… 194

- (1) 株主資本等変動計算書の概要 ··· 194
- (2) 株主資本等変動計算書の見方のポイント ····························· 194

II

利益の捻出は問題会社、利益の抑制は優良会社

1 利益の捻出について ·· 200
2 利益の抑制について ·· 204
3 決算書の注記をみる ·· 210
- (1) 資産の評価基準および評価方法 ·· 210
- (2) 固定資産の減価償却の方法 ·· 211
- (3) 引当金の計上基準 ·· 213
- (4) 収益および費用の計上基準 ·· 214
- (5) その他計算書類の作成のための基本となる重要な事項 ······ 214

4 重要な会計方針の変更 ·· 215
- ◆コラム⑫ 経過勘定から会社の業績を知る ································· 217

III

中小企業の会計指針について

- (1) 中小企業の会計指針の概要 ·· 222
- (2) 減価償却と引当金について ·· 222
- (3) チェックリストについて ·· 230
- ◆コラム⑬ 法人税法の本音と会社法の本音 ································· 238

事項索引 ··· 239

I 貸借対照表、損益計算書、キャッシュフロー計算書と株主資本等変動計算書

1 貸借対照表

(1) 貸借対照表の概要

　貸借対照表は、企業の一定日現在における**資金の調達と運用のバランスの状態**を明らかにしています。

　この資金の調達と運用のバランスの状態を、会計では**財政状態**と呼んでいます。

　貸借対照表は、一定日現在の財政状態を明らかにしますので、日付入りのスナップ写真のようなものと考えるとわかりやすいでしょう。

貸借対照表
平成○年○月○日現在（単位：円）

　貸借対照表の右（貸方といいます）には、**負債**と**純資産**が載っており、左（借方といいます）には、**資産**が載っています。

　なお、純資産は資産と負債の差額という意味ですが、これは

以前に**資本**と呼んでいたものと同じです。

　純資産が資産と負債の差額であるため、この表の左右の金額は合致します。これにより貸方と借方の金額が同じであることから、貸借対照表の名がついています。

　貸借対照表の英語名は左右の金額が等しいことから**バランスシート（略称：B／S）**といいます。

　また負債の別名を**他人資本**、純資産の別名を**自己資本**ということがあります。

　両者をあわせて**総資本**といい、この**総資本が総資産に等しい**ことを表しています。

　また**負債**と**純資産**は、**資金の調達源泉**という側面からは同じ性質をもっていますが、負債がたとえば借入金のように返済を要するものであるのに対して、純資産はたとえば資本金のように返済は不要であるという違いがあります。

　一方の**資産は、資金の運用形態**という側面をもっています。

　たとえば設備投資をすれば、建物や機械等の資産が計上されますし、株式へ投資すれば投資有価証券が計上されます。

　これにより**貸借対照表は資金の調達と運用のバランスシート**と呼ばれています。

　さらに資産と負債については**流動・固定分類**があり、資産は流動資産と固定資産、負債は流動負債と固定負債とに分けて表示されています。

　ここで**流動とは短期、固定とは長期**という意味です。

貸借対照表
平成○年○月○日現在 （単位：円）

流動資産	流動負債
	固定負債
固定資産	純資産

　なお、この左右が等しい形式は**勘定式貸借対照表**と呼んでおり、一方、次の様式のように資産と負債および純資産をこの順番で上から記載していく方法を**報告式貸借対照表**といいます。

貸借対照表
平成○年○月○日現在　　（単位：円）

流動資産
固定資産
流動負債
固定負債
純資産

ここでは左右の合計金額が等しくなる勘定式貸借対照表をみていきましょう。

資産と負債を流動・固定に分類したのは、短期的な資金繰りを明らかにするためです。

流動資産は短期的に現金化される資産、流動負債は短期的に現金で支払われる負債ですから、流動資産が流動負債よりも大きくないと、短期的に資金ショートをきたします。

会計的には、流動資産と流動負債の差額を**正味運転資本**と呼んでおり、資金繰りの観点からはこれがプラスであることが重要になります。

勘定式貸借対照表は左右に分かれているのですが、同時に上下にも分かれており、実務上はこの上下の区分が重要です。

この流動資産と流動負債を比率で表す場合には、以下の**流動比率**で表します。

$$流動比率（\%）=\frac{流動資産}{流動負債}\times 100$$

正味運転資本がプラスである場合には、流動資産が流動負債を上回っているわけですから、流動比率は100％を超えることになります。

なお、正味運転資本がマイナスとなる場合には、そのマイナスの金額を**不良債務**と呼ぶことがあり、都道府県や市町村などの自治体が運営する水道事業や市民病院などの地方公営企業で

は、この金額が短期的な資金不足額を表すものとして重要視されています。

この不良債務を売上高で除した比率は資金不足比率と呼ばれ、市町村などの地方自治体に適用される地方財政法や地方財政健全化法に基づく財政の健全性に関する判断基準として、地方公営企業の健全性をみる際に利用されています。

不良債務がある場合には、当然のことながら流動比率は100％を下回ることになり、短期的な財務の安全性は低いといえるでしょう。

なお、資産と負債をそれぞれ流動・固定に分類する基準としては、実務上**正常営業循環基準と一年基準（ワン・イヤー・ルール）を併用しています。**

正常営業循環基準は、商品を仕入れて販売し、その資金を回収するという正常な営業循環過程にあるものはすべて流動資産・流動負債として考える基準です。

具体的には、以下のプロセスにある項目はすべて流動資産・流動負債となります。

商品を仕入れてから販売し、回収した代金で支払を終えるまでの流れをみてみましょう。

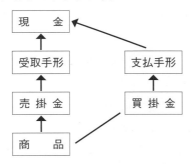

商品を仕入れる際に掛仕入れを行った場合には、資産としての商品と負債としての買掛金が両建てになります。

その後に掛売上げにより商品を販売した場合、商品は売掛金に姿を変え、さらに売掛金を受取手形で回収した場合には受取手形に姿を変えます。

最終的には、受取手形が期日に入金となり、現金が手元に残ります。

一方で買掛金は、これを支払手形で決済した場合には支払手形に姿を変え、支払手形は現金（正確には当座預金）で決済されますが、その決済資金は受取手形で入金となった現金でまかなわれます。

仮にそのタイミングが間に合わないときは、たとえば金融機関から短期借入れを行い、支払手形の支払資金を調達します。そしてその短期借入金の返済資金に、受取手形を

回収して得た現金を充てることになります。

　この一連の流れを正常営業循環と呼んでおり、これに含まれる商品、売掛金、受取手形、現金、買掛金および支払手形は、その期日に関係なく流動資産・流動負債に計上されます。

　一方の一年基準（ワン・イヤー・ルール）とは、貸借対照表日の翌日から起算して１年以内に入金・支払期限の来る資産・負債を流動資産・流動負債とし、１年を超えて入金・支払期限の来る資産・負債を固定資産・固定負債とする基準です。

　資産・負債についての流動・固定分類はまず正常営業循環基準を適用し、この対象外となる資産・負債については一年基準を適用します。

　したがって一年基準の適用対象は、正常営業循環基準の対象外となる資産・負債であり、預金も一年基準の適用対象となっています。

　正常営業循環基準の適用対象外となる資産・負債の例としては、固定資産を売却した際の債権である未収金や、購入した際の債務である未払金があげられます。

　会計では本業を営業、本業以外を営業外というのですが、これらの未収金を営業外債権、未払金を営業外債務と呼んでいます。

　これらは本業以外の取引に基づくものであり、正常な営業循環を外れているため、一年基準で流動・固定を分類します。

それでは、実際の事例で確認してみましょう。

　P161～164に記載した㈱ノエルの事例では、資産合計と負債・純資産合計が66,919,522千円で左右がバランスしています。

　また、流動資産と流動負債の差額である正味運転資本は19,915,489千円であり、流動資産／流動負債×100である流動比率は144％となっています。

　このことから一見すると、短期的な財務の安全性には問題がないように思われます。

　ただし一般的な見方としては、流動比率は高いほうが財務の安全性も高いのですが、表面上の比率だけで判断することは禁物です。

　仮に流動比率が高くても滞留在庫、滞留債権やその他の流動資産の滞留、さらには流動負債の一部計上もれによって、結果的に流動比率が高くみえているだけかもしれないからです。

　実際に㈱ノエルは、この決算から約5カ月後に倒産しています。

　流動比率はそれが低い場合には、短期的な財務の安全性も低いといえますが、逆に流動比率が高くても、短期的な財務の安全性が高いとはいえない点に注意しなければなりません。

　よく流動比率が200％あれば安全といわれますが、決してそんなことはなく、200％超であっても流動資産の内容が悪いため倒産している例は数多くありますので、留意が必要です。

　さらに、貸借対照表の見方として知っておかなければならな

いのは、**前期比較**を行うことです。

最低でも1年前と比べてどのように変化したのかをみるべきです。

上場会社等の有価証券報告書は金融商品取引法に基づいており、ここでは2期間比較ができるように貸借対照表も2年分並べていますが、会社法に基づく計算書類は1期分の貸借対照表しかありません。

したがって前期分の貸借対照表はぜひとも入手して、前期と当期の比較を行うべきです。

この貸借対照表の2期間比較を行っているのが、間接法によるキャッシュフロー計算書や資金運用表といった資金表です。

これをみれば、資金の動きが手にとるようにわかりますので、この貸借対照表の前期比較は必ず行ってください。

同業他社との比較も大切ですが、中小企業では同業他社であっても財務構造が異なることが多く、あまり役には立ちません。

同業他社と比較するよりも、前期比較や3〜5期分を比較するほうが、実態の把握には役立つといえるでしょう。

(2) 棚卸資産（在庫）の滞留について

まず、**流動資産には棚卸資産（在庫）が含まれている点に注意しなければなりません。**

「経営は在庫に始まり在庫に終わる」といわれるほど在庫管理は経営にとって重要です。

企業経営にとって在庫の回転の向上は永遠の課題といっていいでしょう。

　まず滞留在庫は資金が寝ている状態であり、その金額分だけの資金不足をもたらします。

　仮に利益があがっていたとしても、それが在庫見合いの場合には、貸借対照表上は利益に対応した現金預金がないことになり、債務の支払の際には借入金等の他の手段によって資金調達せざるをえません。

　また、仕入れに際しての仕入債務の支払は、商品が売れている、いないにかかわりなく発生するために、滞留在庫は資金繰りを直撃します。

　さらに在庫の滞留は損益にも悪影響をもたらします。

　一見すると在庫が滞留しても現金預金が商品に変わるだけで損益には中立のようにみえますが、実際には在庫の保管コストとして**倉庫代（賃借料）**や倉庫の**減価償却費**のほか、**保険料**等の**物件費**、それ以外にも在庫管理のための**人件費**が発生します。

　それにとどまらず、在庫をもつために借入れをした場合には、**支払利息**がコストとして発生します。

　これらの費用は売上げとは無関係に発生する**固定費の典型例**であり、企業の損益分岐点（損益がゼロとなる売上高。売上高がこれよりも多額であれば利益が生じ、売上高がこれよりも少額であれば損失が生じます）を押し上げる結果となります。

　また最大の問題点として、滞留在庫は品質低下や陳腐化によ

りその価値が失われ、資産性がなくなる(資産としての価値がなくなる)ことがあげられます。

特に消費者の嗜好の変化や技術革新のスピードが速い現代では、在庫が一瞬のうちに陳腐化することがよくあります。

特に品質低下よりも陳腐化に注意しなければなりません。

品質低下はモノそのものが悪くなっている状態です。

これに対して陳腐化は、商品の性質や機能には問題はなくても、時代遅れや流行遅れとなっていたり、消費者の嗜好にあわなくなったことから売れない状態をいいます。

たとえば大手スーパーの経営が軒並み苦しくなっているのは、主として衣料品の陳腐化によるものです。

洋服のセンスや流行といった感覚的な部分について、大手スーパーのバイヤーは対応できていないのが実情だからです。

短期間に売り切ることができなければ、在庫の山となってしまうため、どこも衣料品には苦労しています。

実際問題として、すべての商品が短期間に売り切る必要のある生鮮食料品のようになっていると考える必要があるでしょう。

この陳腐化による時価の下落については、会計的には在庫の評価損の費用計上が必要となります。

しかも、この評価損は一定の要件を満たした場合には税務上も認められるため、評価損の計上は法人税等の節税対策にもなります。

しかし実務上、中小企業では在庫の評価損を計上することは

むしろまれです。

　中小企業ではもともと利益が出ておらず、評価損を計上すると赤字になるため計上したくないというのが本音です。

　その場合には、評価損相当額だけ含み損となっており、同額の**架空資産（実体のない資産や価値のない資産）**が計上されているとみなければなりません。

　評価損を計上していない場合は、資産が過大に計上されていると同時に、純資産も同額だけ過大となっています。

　つまり、在庫の評価損の計上もれは、費用の過小計上であると同時に資産の過大計上となっており、これを通じて利益と純資産の過大計上となっているといえます。

　費用を過小計上した分だけ利益の過大計上となるだけでなく、資産の過大計上を通じて純資産の過大計上となっているのです。

　逆にいえば、評価損を計上したときは、その時に評価損が発生したのではなく、従来からあった膿を出したことが推測されます。

　これは会社の業績がよくなったことを意味します。評価損を計上できるほど、利益に余裕が生じたわけです。

　実務では中小企業（と一部の大企業）における評価損計上は、業績がよくなった証しですので、意味を取り違えないよう注意しなければなりません。

　また、在庫の評価損は減価償却と同じく、節税効果と自己金融効果をもっています。

節税効果は文字どおり、法人税等の節税に役立つ効果です。
　しかも、資金負担がなく会計処理（仕訳）を行うだけで節税ができるわけですから、きわめて有利な節税対策となります。
　もう一つの自己金融効果とは、在庫の評価損が支出を伴わない費用であることから、仮に利益がゼロであったとしても、評価損相当額だけ資金が社内に留保される効果です。

〈自己金融効果の例〉

　売上高　　　　　100万円
　売上原価　　（－）90万円
　商品評価損　（－）10万円
　利益　　　　　　　0万円

　売上げと売上原価が共に現金での売上げと仕入れによるものであれば、現金収入は100万円、現金支出は90万円で10万円残る。

したがって、在庫の評価損を計上することは税務上だけでなく、財務上も会社にとって非常にプラスになります。

中小企業では在庫の評価損が計上できて一人前といわれるのですが、これは利益があがるようになり、こういったメリットを享受できるまで成長したことを表しています。

　なお、在庫の**実地棚卸**は大企業では当たり前ですが、中小企業では必ずしも当たり前ではありません。

　実地棚卸を行っていない場合には、貸借対照表に記載された

帳簿上の在庫と、実際に存在している在庫とが食い違っていて当たり前です。

ほとんどのケースでは実際に存在している在庫のほうが少ないのですが、その場合には**在庫の減耗損の計上もれ**となっています。

これを「**意図せざる粉飾**」といいますが、このあたりの管理状況もよくみておかなければなりません。

それでは、在庫が多額であるかや、滞留在庫があるかどうかをどのように見分ければよいのでしょうか。

一つの方法としては**回転期間分析**があります。

これは、在庫の金額を月商や日商で割り算し、何カ月間または何日間で在庫が入れ替わるかを計算する方法です。

ここでの回転期間の回転とは、回るという意味よりは入れ替わるという意味でとらえたほうがわかりやすいと思います。

$$\text{在庫の回転期間（月）} = \frac{\text{在庫（棚卸資産）}}{\text{月商}}$$

なお、多額の在庫や滞留在庫にはこういった問題があるため、不動産業や建設業等のように多額の在庫を抱えるのが常態となっている業種では、短期的な安全性をみるのに流動比率ではなく**当座比率**が重要視されています。

当座比率とは流動資産中の当座資産（現金預金、売掛金と受取手形（売上債権）および一時所有の有価証券）を流動負債で割

って求めた比率で、流動資産のなかから棚卸資産とその他の流動資産を除外し、現金に近い当座資産だけをその対象にしたものです。

$$当座比率（\%）＝\frac{当座資産}{流動負債}\times 100$$

この当座比率により、在庫の販売に頼らない即時支払能力が明らかになります。

たとえば平成20年8月13日に倒産した東証1部上場の不動産会社㈱アーバンコーポレイションは、流動比率が224％と非常に高率でしたが、一方の当座比率は21％と極端に低率でした（P148〜151の貸借対照表を参照）。

同様に平成20年10月30日に倒産した東証2部上場の不動産会社㈱ノエルも、流動比率が144％と高率でしたが、当座比率は9％ときわめて低率でした（P161〜164の貸借対照表を参照）。

この9％という水準は、企業が生きていくことが不可能な水準です。

このように、不動産業をはじめとする**在庫を多額に抱える業態にあっては、流動比率よりもさらにより短期の安全性を表す当座比率のほうが、短期的な財務の安全性を端的に表している**といえます。

つまり、流動比率だけみていても財務の安全性は不明であり、流動資産の内容を吟味し、流動負債のもれがないかを確か

めるとともに、当座比率等を併用する必要があるわけです。

なお、借入金の担保に供されている預金がある場合には、その預金は借入金を返済するまでは、引き出すことができません。

したがって、借入金の担保に供されている預金について、実務上は当座資産とはいえないことになります。

こういった点についても、計算上の細かな配慮が必要です。

(3) 売掛金と受取手形（売上債権）の滞留について

売掛金と受取手形（両者をあわせて売上債権といいます）の滞留も在庫の滞留とほぼ同様の弊害があります。

在庫は売上げによって売上債権に姿を変えますが、売上債権は回収されてはじめて現金預金になります。

したがって**売上債権の滞留は、在庫の滞留と同じく資金繰りを圧迫する大きな要因**となります。

売上債権は在庫と異なり管理のためのスペースは不要ですから、倉庫代等の物件費を生むことはありませんが、在庫と同様に債権管理のための**人件費**の発生要因となります。

また、売上債権見合いの借入金がある場合には、**支払利息**が発生する点も滞留在庫と同じです。

在庫の品質低下・陳腐化に相当するものとしては、売上債権が回収不能となる、すなわち貸倒れがあげられます。

したがって会計的には、回収不能であれば貸倒損失が、回収不能の見込みが高ければ貸倒引当金の計上が必要です。

実務では売上債権が急に貸倒れになるケースよりも、まず滞留債権となって回収不能の見込みが高まり、次いで回収不能の貸倒れとなるケースが多いものです。

中小企業の決算書では貸倒引当金の計上はほとんどなく、さらには貸倒損失が発生していても売上債権をそのままにしている例が多いのですが、これでは粉飾決算といわれても仕方ありません。

　一定の要件を満たせば、中小企業では貸倒損失と貸倒引当金繰入額が税務でも認められているため、これらを計上しないことは、節税を放棄しても一定の利益の額を確保しようとしていることになります。

　逆にそういった会社で貸倒損失や貸倒引当金繰入額が計上されたときは、業績が悪化したわけではなく、むしろ業績がよくなり利益に問題がなくなったため、今度は節税対策を考え出した証しです。

中小企業では費用はそれが負担できるときに計上される性格をもっている点に注意が必要です。

　なお売上債権の滞留は、多くの場合は得意先の資金繰りが悪いことが原因ですが、得意先の資金繰りがよくても、得意先と比較して当社の力関係が弱いため、商品の検収に時間がかかるなどといった理由でなかなか支払ってもらえないというケースもあります。

いずれの場合にも、売上債権の滞留は在庫の滞留とほぼ同じマイナス面があります。

売上債権が滞留しているかどうかのチェック方法としては、ここでも**回転期間分析**が使えます。

　売上債権の金額を月商や日商で割り算し、何カ月間または何日間で売上債権が入れ替わるかを計算する方法です。

$$売上債権の回転期間（月）=\frac{売上債権}{月商}$$

【売上債権回転期間が異常に長い事例】

　平成21年11月20日に東証マザーズに上場し、平成22年6月15日に粉飾決算の疑いで上場廃止となった㈱エフオーアイの売上高、売掛金および売上債権回転期間の推移です。

　なお、P185〜193に貸借対照表、損益計算書およびキャッシュフロー計算書を示しています。

	平成20年 3月期	平成21年 3月期	平成21年12月期 （第3四半期）
売上高（百万円）	9,496	11,855	8,563
売掛金（百万円）	18,211	22,895	26,621
売上債権回転期間（カ月）	23	23	28

　㈱エフオーアイは半導体装置メーカーでしたが、そもそも上場前から売上債権回転期間が2年弱であったというのは、あまりにも長すぎるように思います。

　いま売った在庫の資金回収は2年先というビジネスは、眉唾ものとしかいいようがありません。

> さらに平成21年12月（第3四半期決算）時点では、売上債権回転期間が28カ月に延長しており、これは滞留というよりは架空売上げを疑うべきでしょう。
>
> 実際にも倒産後に、平成21年3月決算の売上高は約3億円にすぎなかったことが判明しています。

　なお、**在庫の回転期間分析と売上債権の回転期間分析は、実務上は同時に行うべきもの**です。

　㈱エフオーアイの例は架空売上げであり、在庫と売上債権は相互に無関係だったのですが、**粉飾のもう一つのパターンとして翌期売上げの先取りがあります。**

　これは、本来は翌期に計上すべき売上高を当期に取り込むものです。

　たとえば、売上高は商品等の引渡しに伴う請求書の発行にあわせて計上するのが普通ですが、商品等を引き渡す前の注文書の段階で売上高を計上するようなケースです。

　会計監査を行う際に、売れたはずの商品が倉庫に残っている点を質問すると、「これは得意先の在庫を預かっているものです」などの答えが返ってくるのですが、そもそもまだ売れていないのです。

　こういった場合には、在庫と売上債権の回転期間は密接につながってきます。

　まず、在庫は在庫としてではなく、売上げによって売上債権に姿を変えていますから、在庫の金額は圧縮される結果、**在庫**

の回転期間はむしろ短縮します。

一方、売上債権には在庫に利益が上乗せされた金額が含まれていますから、その金額は過大に表示されます。したがって**売上債権の回転期間は延長します。**

このように在庫の回転期間の短縮と売上債権の回転期間の延長の二つが同時にみられた場合には、十中八九、翌期売上げの先取りを意味しています。

さらに、もっと簡単に翌期売上げの先取傾向を知ることもできます。

これは期末月と翌期首月の売上高を比較するだけの方法です。

3月決算の会社であれば、当期の期末月である3月の単月の売上高と、翌期の期首月である4月の単月の売上高を比較するだけです。

3月の売上高が多額であり、翌期の4月の売上高がほとんどなければ、実質的には4月分の売上高を3月に取り込んでいることがわかります。

金融機関の職員が決算書を受け取る際に、4・5月の売上げを知りたがるのは、新しい期の業績予測のためだけでなく、こういった操作の有無の確認を行いたいためです。

さらに簡単に上半期と下半期の売上高を比較するだけでも、おおよその見当はつきます。

売上高が下期に偏っており、上半期にほとんど計上されていないようであれば、慢性的に翌期売上げの先取りをしているこ

とが推定されます。

逆に期末月の売上高が少なくて、翌期の期首月の売上高が多額であれば、売上高の計上を繰延べ（先送りし）た可能性があります。

これは業績のよい会社にしばしばみられるのですが、今期の売上高のノルマを達成したことを意味し、節税対策等で売上計上の先送りをして利益の抑制を図っている状態です。

売上計上の偏りや分布は、その会社の業績の良し悪しを端的に物語っているのです。

⑷　その他の流動資産の滞留について

実務上、忘れてはならないのは**その他の流動資産の滞留**です。

その他の流動資産とは、未収金、立替金、仮払金、前払金、前払費用、未収収益、短期貸付金等のいわゆる**雑流動資産**を指します。

未収金は、本業以外の事業によって生じた債権です。たとえば小売業の会社が土地を売れば、その債権は未収金となります。

立替金は本来払う必要のないものの立替払いを示すもので、立替えに係る請求権を表す債権です。

未収金と立替金は売掛金と同じく金銭債権ですので、これが資産であることはわかりやすいと思います。

仮払金は科目または金額が不明の場合の支払をいいます。科

目・金額が確定した時点で正しい科目・金額に振り替えられます。

　仮払金は金銭債権ではなく、本来的には費用なのですが、科目または金額が確定していないために、一種の仮勘定としてとりあえず資産に計上されているものです。

　前払金は商品等を仕入れる際の手付金をいいます。商品等の仕入れの際には費用を意味する仕入れに振り替えられます。

　前払費用は継続的役務提供契約に係る短期の費用の前払いをいいます。たとえば貸しビルにテナントとして入っている場合の家賃は翌月分を今月末までに支払いますが、その翌月分の家賃が前払費用の典型例です。

　この前払金と前払費用はいずれも金銭債権ではありません。

　これらは翌期以降の費用になるもので、支出ずみであるが費用としてはまだ発生していない場合に、翌期以降に費用計上するために経過的に資産に計上されているものです。

　短期貸付金は貸付金のうち1年以内に回収期限が来るものです。

業績に問題のある会社はその規模にかかわらず、特にこれらの『その他の流動資産』が多額でありかつ滞留しているケースが多く、こういったケースでは実務上不良債権となっており、極端に資産性に乏しい（資産としての価値に乏しい）のが普通です。

　なお表示上は、流動資産の最後に表示されるため、場所も知っておくと便利です。

```
未収金       ×××  ┐
立替金       ×××  │
仮払金       ×××  │
前払金       ×××  ├ 多額でありかつ滞留している
前払費用     ×××  │  ケースは資産性に乏しい
未収収益     ×××  │
短期貸付金   ×××  ┘
```

　その他の流動資産は、一年基準（ワン・イヤー・ルール）で流動資産に計上されている以上、理論的には1年以内に回収または費用化されているはずなのですが、1年を超える長期にわたって滞留しているケースが非常に多く見受けられます。

　仮に回収に1年超を要するのであれば、流動資産ではなく固定資産ですし、回収が不能であるのであれば、資産性（資産としての価値）はゼロとなるため、資産ではなく損失が発生しています。

　つまりその他の流動資産の滞留分はよくて固定資産、悪ければ損失です。特に中小企業では「その他の流動資産」の資産性（資産としての価値）にかなり問題があるため、これについて特別な注意が必要です。

　このなかでも特に役員個人向け、社長の友人向け（！）、関係会社向けの債権が資産性に乏しい典型例です。

　こういった事情から、銀行等の金融機関が企業に貸付を行う

際の融資審査においては、その他の流動資産は貸借対照表の資産の部から取り除き、同額を純資産の部から取り除いて流動比率等を算定・分析する手法が取り入れられています（注）。

さらに、その他の流動資産の前期からの増加額は、実際は当期に発生した費用負担の先送りであることが多いことから、損益計算書の当期純利益から差し引いて考えるべきであると考えられています（注）。

　（注）　この方法は故岡崎一郎氏が考案した方法であり、イチロー方式と呼ばれています。

この見方は、金融機関の融資審査にあたり貸借対照表や損益計算書を修正してみるものですが、**損益面だけでなく資金面でも、その他の流動資産の滞留は当然のことながら資金の固定化を招き、キャッシュフローにとっても大きなマイナス要素となります。**

これらの①棚卸資産、②売上債権および③その他の流動資産の滞留は、いずれも流動資産合計を増加させるため、これにより表面的には正味運転資本は増加し、流動比率は改善することになりますが、これらは実態としては固定資産あるいは損失であるため、本当の流動比率は決して高くありません。

したがって、正味運転資本や流動比率はそれらが乏しい、あるいは低い場合には、短期的な財務の安全性も低いといえるのですが、それらが表面的に多額あるいは高くても問題がある場合もあり、その場合には短期的な財務の安全性は必ずしも高いとは限らないという点にも注意しなければなりません。

コラム①

粉飾のパターンの整理

それではここで粉飾決算のパターンを整理しておきましょう。

費用の過小計上による資産の過大計上となっている典型例が、資産の評価損等の計上もれによる資産の過大計上であり、最も注意するべき粉飾決算のパターンです。

それは資産の評価損は表面的には表れていないためですが、これがどこかに隠れているのではないかと疑ってみる必要があります。

さらに在庫の評価損の計上もれでは、利益と純資産が過大であるだけではなく、流動比率も過大となっているため、比率分析上も問題が大きいといえるでしょう。

なお粉飾のパターンとしては、基本的には以下の4通りのパターンがあり、このどれに該当するかがわかれば、粉飾の内容がわかります。

たとえば、資産の評価損の計上もれは、費用の過小計上が資産の過大計上に結びついており、左右のいちばん上の組合せになっています。

費用の過小計上が負債の過小計上となる例としては、経費に関する未払金や未払費用の計上もれがあります。

発生ずみの費用についてその計上を先送りすれば、これに関する未払金や未払費用が負債からもれることになります。
　また、収益の過大計上が資産の過大計上となる例としては、翌期売上げの先取り計上（前倒し計上）や、完全な架空売上げがあります。
　この場合は売上収益の過大計上であると同時に、売掛金の過大計上となっています。
　収益の過大計上が負債の過小計上となる例としては、負債に計上した前受金（手付金として先に受け取ったお金）を売上げに振り替える際に、過大に振り替える方法などがあります。
　なお、このパターンで全部というわけではなく、たとえば、貸付金が相手先から還流して新株発行に係る資金、つまり資本金として受け入れられていることもあります。
　この場合には、資産の過大計上であると同時に純資産の過大計上となっています。ただし損益には影響しません。
　また、滞留している売掛金の存在を隠すために、支払の繰延べによって増加した買掛金と相殺することで、売掛金と買掛金を一見正常な残高のように見せかけていることもあります。
　この場合には、資産の過小計上と負債の過小計上となっていますが、損益や純資産には影響しません。
　このように粉飾のパターンは原則的としては四つに分類可能なのですが、必ずしもそれだけではない点にも留意が必要です。
　また、粉飾の手法も次から次へと生まれてきており、常に最新の注意が必要となってきています。

コラム②

資産とは何か、負債とは何か

　資産と負債について、短期の流動資産・流動負債と長期の固定資産・固定負債の分類があることはすでにみていますが、資産と負債にはもう一つの分類方法があります。

　この分類方法を通じて資産とは何か、負債とは何かをみていきましょう。

資産 ⎰ 貨幣性資産（売掛金など）
　　 ⎱ 費用性資産（建物など）

負債 ⎰ 貨幣性負債（買掛金など）
　　 ⎱ 収益性負債（前受金など）

　このように資産は売掛金などの貨幣性資産と、建物などの費用性資産に分類され、負債は買掛金などの貨幣性負債と、前受金などの収益性負債に分類されます。

　ここで「〜性」というのは将来そうなるという意味で使われており、たとえば貨幣性資産は将来、お金になる資産であり、費用性資産は将来、費用になる資産です。

　たとえば、その他の流動資産のなかでは、未収金と立替金は将来、現金で回収されることを予定している貨幣性資産ですし、前払金と前払費用は将来、費用となることを予定している費用性資産です。

　これらはいずれも収入・支出（つまりお金の出入り）を計上するタイミングと、収益・費用（つまり損益計算）を計上するタイミングの時間的なずれに着目して、そのずれを調整するために生まれた項目です。

売掛金は収益計上したが未収入であり、建物は支出計上したが未費用の項目です。また、買掛金は費用計上したが未支出であり、前受金は収入計上したが未収益の項目です。
　この資産と負債の分類は、その項目が将来どうなるかに着目した分類方法であり、100年ほど前のドイツの会計学者であるシュマーレンバッハの考え方で、動的貸借対照表論（動態論）と呼ばれています。
　実務上もこれを知っておくと、さまざまな面で役立ちますので、ご参考にしてください。

(5) 支払手形と買掛金（仕入債務または買入債務）の滞留と減少について

　支払手形と買掛金（両者をあわせて仕入債務または買入債務といいます）の見方は、売上債権ほど単純ではありません。

　仕入債務が滞留している場合には、意図的にそのようにしている場合と、仕方なくそうなっている場合があります。

　意図的にそうしている場合とは、当社のほうが仕入先よりも力関係が強いため、検収に数カ月かかるなどの理由で支払を引き延ばしているケースです。

　たとえば業界としては印刷業界などがその典型例なのですが、支払が遅ければ遅いほど仕入先はその間資金負担を強いられることになります。

　一方、**仕方なくそうしている場合とは、支払の期日が来ても当社の資金繰りが悪く、支払えない場合です。**

この場合は、先ほどとは逆に仕入先に頭を下げて支払を待ってもらっている状態です。

また仕入債務が減少した場合も、意図的にそうしている場合と、そうなってしまった場合があります。

意図的にそうしている場合とは、早期の支払によって仕入単価を下げることを意図し、コストダウンを図っている場合です。

当社の仕入債務は仕入先にとっては売上債権ですから、支払が早ければ早いほど、仕入先は資金負担をせずにすみます。

その資金負担の軽減分は、仕入先に対する仕入単価の値下交渉に利用できます。

逆にそうなってしまった場合とは、仕入先から早期の支払要求があり、これを飲まざるをえなかった場合です。

たとえば当社の業績が悪く、このために資金繰りが悪いことが周知の事実となった場合には、仕入先は掛取引や手形取引には応じず、現金取引でしか応じてくれないといったケースもあります。

こうしたケースでは、当然のことながら当社の仕入債務は減少し、資金負担が増加することになります。

貸借対照表をみる際には、思込みによる判断を避け、その背景を推察して原因分析を行うことが重要であるといえるでしょう。

また、仕入債務が急増すると金融機関に資金繰りの苦しさがわかってしまうため、これを隠す手段として、仕入債務と売上

債権とを相殺して表示することがあります。

これは**表示上の粉飾**といわれています。

順番的には売上債権が滞留して資金繰りが苦しくなった結果、仕入債務の支払が遅延し、売上債権と仕入債務が両ふくらみとなってしまったため、これらを隠すために両方を相殺して表示する方法です。

これは意図的であり悪質な粉飾ですが、資金繰り表などの他の資料との整合性がとれなくなることで判明するケースが多いです。

(6) 運転資金（運転資本）について

金融機関の用語として、運転資金（運転資本）という用語があります。

運転資金（運転資本）は**売上債権と棚卸資産（在庫）をあわせた金額から、仕入債務を差し引いた概念**です。

運転資金貸付は、この差額である運転資金に対する融資をいいます。

なお、必要運転資金の算式は以下のとおりです。

必要運転資金
＝売上債権＋棚卸資産（在庫）－仕入債務
＝月商×（売上債権回転期間＋棚卸資産（在庫）回転期間－仕入債務回転期間）
ここで（売上債権回転期間＋棚卸資産（在庫）回転期

間-仕入債務回転期間）を**収支ズレ**と呼んでいます。

　したがって**必要運転資金が増加するのは、収支ズレがプラスであるならば、月商が増加する場合、売上債権回転期間が延長する場合、棚卸資産（在庫）回転期間が延長する場合、および仕入債務回転期間が短縮する場合**です。

　実務上は月商が増加している場合は少なく、売上債権回転期間が延長している場合と棚卸資産（在庫）回転期間が延長している場合の二つのケースが多いのが実情です。

　このため、この二つの回転期間の推移には十分注意しておく必要があります。

(7) 設備投資・投融資について

　設備投資・投融資は両者共に、貸借対照表の固定資産を増加させます。

　設備投資は有形固定資産として、投融資は投資その他の資産として固定資産に表示されます。

　過大な設備投資も、資金繰りに悪影響を及ぼす典型例といえます。固定資産への投資ですから、当然、資金の固定化を招きます。

　設備投資は需要のピークに行われることが多く、その後に需要が減退した場合には、**過剰な生産能力が固定費となって事業の財務体質を悪化させることが多い**ものです。

　この固定費は、減価償却費や修繕費等の物件費のみならず、

生産能力維持のための人件費も発生し、さらには借入れによる場合には支払利息が発生するために、予想をはるかに上回る規模の固定費になるのが通常です。

さらに過剰な設備を廃却する際には、除却費用まで発生します。

設備投資に投じた資金は、結局は売上高によって回収する以外になく、設備投資に必要な借入金の返済も利益を原資に行わざるをえません（利益償還）。

したがって設備投資がその額を超える新たな利益を生まないのであれば、資金状況は必然的に厳しいものとなります。

一方、投融資は企業外への投資として、企業内への投資である設備投資と区別されます。

投資とは株式等の出資の形態で資金が外部に流出することであり、投資有価証券等で会計処理されます。

また、融資とは貸付金の形態で資金が外部に流出することであり、長期貸付金等で会計処理されます。

これらの投融資の回収は受取配当金・受取利息や、投資有価証券の売却または長期貸付金の回収によることになりますが、現実にはこれらが困難になることも多く、資金負担のみが発生するケースも決して少なくありません。

現実に回収がまったく不能となれば、投資有価証券には評価損が、長期貸付金には貸倒損失が発生します。

実際には**長期貸付金の回収が滞っている場合、同じ会社への投資である投資有価証券の価値も下落しているケースが多いこ**

とも知っておくべきです。

したがって**投資と融資はこれを一体としてみる必要があり**、さらにその回収まで確認しなければ、成功したのか失敗したのかがわかりません。

投融資を行った経営者は多額の退職金をもらって引退し、後を継いだ経営者の時代に多額の損失が計上され、その時の経営者が尻拭いをするというのはよくある話です。

このため**身の丈（企業の規模）にあった投融資であるかどうかを常に考える必要があります。**

さらに土地、建物等の不動産と投資有価証券は含み損益（時価と簿価との差額）が膨大になりやすく、時価評価した金額をおおまかにでも把握しておかなければなりません。

なお、非上場会社の株式は簿価よりもその会社の１株当り純資産×株式数が著しく下落している場合には、評価損の計上が必要です。

これ以外にも、保険積立金は積立額を計上していることで、解約返戻金と大きな差がある場合や、不動産の賃借に係る差入保証金は、これも差入額で計上しているため、賃借終了時の返戻額と大きな差がある場合もあります。

これらの項目はいわゆる時価評価により、戻る金額を把握しておくべきです。

また、その他の流動資産と同様に、その他の固定資産も資産性（資産価値）が乏しいものが多く、あまり注目されていないのですが、その滞留状況等の確認が必要です。

コラム③

「のれん」の資産性（資産価値）について

　決算書を読む際には、投資に伴って発生する「のれん（営業権）」の資産性（資産価値）についても、十分に注意しなければなりません。

　一般的にのれんは会社買収時の支払額と、対象となる会社の純資産との差額として計上されるのですが、投資に失敗して単に高値づかみをしただけでも多額ののれんが発生します。

　粉飾決算で問題となった会社の半数程度には、のれんの資産性が乏しいのではないかという視点からの批判があります。

　実態がなく価値を確かめようのない資産は必然的に、その資産性（資産価値）が乏しいものになります。

　特にのれんの金額が、のれんを資産計上している会社の純資産の金額を上回っている場合（これは普通にあります）には、仮にのれんに価値がなければ実質的には債務超過であることになります。

　また、最近多い粉飾のパターンには、のれんの重複計上（二重計上）があります。

　粉飾決算で最近話題となったオリンパスと東芝の両者については、多額ののれんを計上している会社を買収するに際して、さらにのれんを上乗せ計上する粉飾が行われていました（P125参照）。

　いわゆる「うその上塗り」の状態になっており、この場合、決算書の信憑性は限りなくゼロに近づきます。

仮にのれんに超過収益力（平均的な会社よりも多額の利益をあげる力）が認められず、のれんが資産ではないのであれば、買収時の費用です。

のれんに超過収益力があったか否かは、その後の業績の推移により容易に検証できます。

のれんの取得後に収益や利益の伸びがなければ、のれんに超過収益力はなかったことになり、この場合は費用の過小計上と資産の過大計上になっていることになります。

その結果として、ここでも利益と純資産が過大計上されています。

また、多額ののれんの計上は財務諸表読者の警戒を招くことから、ほかの無形固定資産の科目に分散していることもあります。

この場合には無形固定資産の合計額と資産総額を比較して、無形固定資産の総資産に占める割合があまりにも大きければ、その資産性について疑うべきです。

(8) 繰延資産について

繰延資産は、すでに発生ずみの費用であっても、将来の収益に対応させるために資産に計上したものです。

たとえば、新市場を開拓するために巨額のマーケティング費用が発生した場合には、これを**開発費**という繰延資産に計上することが可能です。

その場合5年以内の期間にわたり、定額法その他の合理的な方法により規則的に償却します。

ここで、科目名は開発費という名前ですが、資産に計上される点に注意しなければなりません。

　しかし、会社の選択によって発生時に費用として処理することも可能であるため、実際には繰延資産として資産計上する会社と、発生時に費用処理する会社とに分かれることになります。

　資産計上する根拠としては、その支出には将来の収益を獲得する能力があることから、現在の収益ではなく将来の収益に対応すると考えられ、将来の費用とするために資産計上するというものです。

　しかし実際には収益力に自信がある会社では信用に問題がないため、費用処理を選択して節税等のために利益の抑制を図るのが普通です。

　一方、収益力に自信がない会社では、繰延資産として資産計上することで費用負担の先送りを行い、信用を継続するために利益の捻出を図ることになります。

　したがって、**繰延資産はその理論的な背景とは裏腹に、資産計上されている場合にはその資産性（資産としての価値）が乏しく、逆に発生時に費用として処理することで資産計上されていない場合には、隠れた資産（帳簿に載らない、したがって貸借対照表に載らない資産。これを簿外資産といいます）が存在しているケースが多い**といえるでしょう。

　なお国際財務報告基準（IFRSといいます）では、一定の要件を満たす開発費は資産に計上することを強制しているため、将

来的には会計処理の選択の幅は小さくなることが予想されています。

⑼　短期借入金について

短期借入金は一年基準（ワン・イヤー・ルール）に基づいて、流動負債に計上された借入金です。

これはたしかにそのとおりであり、決して間違ってはいないのですが、**実務上は短期借入金の借換え（いわゆるころがし借入れ）が繰り返されることで長期借入金として機能しているケースが多い**ものです。

いわゆる「貸剥がし」とは、従来は問題なく行われていた短期借入金の借換えを、金融機関側が急に断ってくることをいうといってよいでしょう。

したがって、**短期借入金は通常は長期借入金として機能しているわけですが、会社の信用力が低下すると、本当に短期借入金になると考えるのが妥当です。**

短期借入金が流動負債に占める割合は大きいことが多いため、実質的に短期なのか長期なのかをケース・バイ・ケースで見分けることが必要となってきます。

なお、金融機関からみた与信枠の観点からは、割引手形も短期借入金と同様の取扱いとなっています。

受取手形の割引は法律的には手形の売却ですが、会計的には手形を担保とした短期借入れです。

現在の支払利息は手形割引料を含まず、従来の手形割引料は

手形売却損として別に表示するようになっていますが、会計的には従来どおり手形の割引と短期借入金は同一枠で管理されるべきものですので、注意してください。

(10) 未払金・未払費用について

未払金と未払費用は、共に発生ずみの費用の未払いを表す負債です。

厳密には両者はその内容が異なりますが、実務上は両者が混同されていることが多いといえます。しかし混同がある場合であっても、特に弊害はありません。

問題は、両者共に計上もれとなりやすい点です。

たとえば従業員の賞与について、下期に係る賞与はその支払が翌期となるのが普通ですので、**未払費用としての、未払賞与または賞与引当金の計上が必要です。**

未払賞与または賞与引当金について、重要性が乏しい場合にはその計上は不要とされていますが、実際は金額的にも重要性が高い場合が多く、未払賞与または賞与引当金のいずれも計上されていない場合には、賞与を支給していない会社である場合を除いて、単に計上もれであるといってよいでしょう。

また賞与関連以外にも、**日常的に発生する諸経費の1月分相当額程度の未払金または未払費用が計上されているのが正常な姿です。**

こういった事情から未払金または未払費用がいっさい計上されていなければ、意図的ではなくても粉飾決算であり、計上も

れとなっている金額と同額だけ負債が過小に、純資産が過大に計上されていることになります。

　これは未払金や未払費用に限らず、仕入債務や短期借入金等についても同様であり、純資産を過大に示したいために、これらの負債の一部を除外して**簿外負債（帳簿に載らない、したがって貸借対照表に載らない負債）**とするのは、実際にあることを知っておかなければなりません。

　それでは、ここでの粉飾のパターンを整理しておきましょう。

　費用の過小計上が負債の過小計上となる典型例が、費用の計上もれによる未払金や未払費用の流動負債の計上もれです。

　この場合は費用の過小計上により利益が過大計上されていると同時に、負債の過小計上により純資産が過大計上されています。

(11) 引当金について

　引当金は未払金と似ているのですが、未払金が債務として確定している負債であるのに対して、引当金はまだ債務として確定していないものです。

　引当金は未払費用とも似ているのですが、未払費用が金額が日割計算により客観的に計算されるのに対して、引当金は見積計算によるため主観的な金額となります。

　注意するべき点は、**引当金は負債であり現金預金としての実体をもっていない点**です。

　したがって引当金を取り崩しても、お金が生まれるわけでは

ないことに留意が必要です。

引当金の典型例としては、先ほどの**賞与引当金**以外にも**貸倒引当金**と**退職給付引当金**があります。

貸倒引当金は、たとえば会社が売上債権をもつ場合に、将来の貸倒れに備えて、あらかじめ発生すると見込まれる貸倒損失を見積もり、引当金として売上債権のマイナスを認識するとともに引当金繰入額を費用計上するものです。

退職給付引当金は、将来の退職金や年金の支払を見越して、これをあらかじめ負債として認識し、退職給付費用として費用計上するものです。

大会社では、公認会計士や監査法人による監査が行われていることもあり、これらの引当金の計上は当然に行われていますが、中小企業の場合にはこれらが計上されていないことが少なくありません。

さらにこれら以外にも、たとえば他社の債務保証をしており、その会社が倒産しそうな場合や、当社が裁判で訴えられており、敗訴の可能性が高い場合には、債務保証損失引当金や損害補償損失引当金の計上が必要です。

なお債務保証の履行や損害賠償金の支払の可能性が低い場合には、本来は財務諸表の注記を行うべきなのですが、その注記もないのが一般的です。

引当金は会計上、一定の要件を満たせばその計上が強制されるものであり、これらの引当金が計上されていない場合は、未払金・未払費用の計上もれと同様に、負債の過小計上となるた

め、純資産が過大計上されている点に留意しなければなりません。

また、逆に中小企業であってもこれらの引当金の計上を正しく行っている場合には、収益力に自信のある優良企業であるといってよいでしょう。

法人税法では貸倒引当金と返品調整引当金しか認めていないことから、繰入額の節税効果はこの二つに限られるのですが、在庫の評価損と同じく自己金融効果もあり、引当金を活用している会社は、資金的にもよい循環に入ることになります。

なお、資産が過大に計上されている場合は、その資産性を個別にチェックしていけばよいので比較的楽なのですが、負債が簿外となっている場合は貸借対照表に載っていないのですから、見破るには知識が必要となります。

具体的には、未払金・未払費用や賞与引当金、退職給付引当金は計上されているのが本来正しい姿であり、計上されていなければそれらが計上もれとなっているわけです。

つまり、負債として当然あるべき項目をあらかじめ知っておき、それらがないとおかしいと気づく必要があります。

負債として当然あるべき項目は、これら以外にも未払いの税金（消費税関係や住民税の均等割額など）、源泉徴収された所得税や社会保険料等の預り金等があります。

こういった科目が計上されていない場合には、簿外負債の存在が疑われることになります。

⑿ 純資産について

純資産は資産と負債の差額をいい、以前は資本の部と呼んでいたものです。

純資産は資産から負債を差し引いた概念で、特に実体はありません。

純資産は負債と同じく資金の調達源泉ですが、負債とは異なり、返済が不要である点が特徴です。

純資産は、会社法では次頁のように分類・表示されます。

なお、平成23年3月決算以降に終了する事業年度に係る**連結貸借対照表**では、「評価・換算差額等」を「**その他の包括利益累計額**」として表示することになっています。

まず従来の資本の部を**純資産の部**として、そのなかで**株主資本の部**を設けたのは、純資産の部のなかで**株主に帰属する部分を株主資本**とし、これ以外の部分と区別しようとしたためです。

ここでは資本取引（増資等）と損益計算書の当期純利益（または当期純損失）以外の原因によって株主に帰属する株主資本は変動しないと考え、これら以外の純資産の変動要因を株主資本から除いています。

たとえば、「その他有価証券評価差額金」はその他有価証券の簿価と時価との評価差額について、損益計算書を経由せずに直接純資産の部に計上したものです（これを純資産直入法といいます）。「土地再評価差額金」も同様です。

Ⅰ　B／S、P／L、C／Fと株主資本等変動計算書　43

貸借対照表の純資産の部

```
Ⅰ　株主資本
　1　資本金
　2　資本剰余金
　　(1)　資本準備金
　　(2)　その他資本剰余金
　　　　　　　　　　資本剰余金合計
　3　利益剰余金
　　(1)　利益準備金
　　(2)　その他利益剰余金
　　　　××積立金
　　　　繰越利益剰余金
　　　　　　　　　　利益剰余金合計
　4　自己株式（▲）
　　　　　　　　　　　株主資本合計
Ⅱ　評価・換算差額等
　1　その他有価証券評価差額金
　2　繰延ヘッジ損益
　3　土地再評価差額金
　　　　　　　　　　評価・換算差額合計
Ⅲ　新株予約権
　　　　　　　　　　　　純資産合計
```

　また「繰延ヘッジ損益」は、ヘッジ会計における損益の繰延べを表しているのですが、これも資産・負債ではなく純資産の部に計上しています。

　中小企業では金融機関からの借入れの際に、変動金利を固定金利に交換するスワップ取引を行うことがありますが、「繰延ヘッジ損益」はその際に利用されるヘッジ会計において登場し

ます。

　最後の「新株予約権」は、権利行使された場合には株主資本になりますが、権利行使されなかった場合には利益になるものです。権利行使されるまではそのどちらでもないため、純資産の部に計上し、かつ株主資本から除いています。

　株主資本の区分では、従来の資本の部と同様に**資本金、資本剰余金**および**利益剰余金**を記載しています。

　資本剰余金は法定準備金である**資本準備金**とその**他資本剰余金**に区分し、利益剰余金はこれも法定準備金である**利益準備金**と**その他利益剰余金**に区分しています。

　その他利益剰余金のなかの**繰越利益剰余金**は、会社法により会社はいつでも株主総会決議によって剰余金の配当を行うことができるようになったため、従来は利益処分の前後で使い分けられていた当期未処分利益と繰越利益の区別を廃止したことにより、この名称がついています。

**　ここではさまざまな科目が並んでいますが、いずれも現金預金とは異なり、実体がない点に注意しなければなりません。**

　特に準備金や積立金は、積立預金とは異なり、概念上のものであり預金口座はもっていませんので、勘違いしないようにご注意ください。

　また、**純資産は、大きく元手である「資本」と儲けである「利益」に分類されるため、その二つに分けてみるのがコツです。**

　純資産の部では、**資本金と資本剰余金が元手である「資本」であり、利益剰余金が儲けである「利益」に該当します。**

いくら純資産が大きくても、それが「資本」が多額であることによるのであれば、その会社には十分な収益力がないことになります。

　逆に、「資本」が少額であっても「利益」が多額であれば、十分な収益力をもつと同時に、内部留保にも力を入れてきた優良会社であることがわかります。

　この「利益」には利益準備金のほかに、その他利益剰余金を構成する各種の任意積立金や繰越利益剰余金がありますが、これらは元をたどればすべて繰越利益剰余金であり、その企業が自助努力で稼いだ利益です。

　したがって実務上はその細目にとらわれずに、「利益」の総額である利益剰余金全体でみることが必要です。

　なお、**純資産がプラスの場合には資産超過、マイナスの場合には債務超過と呼んでおり、金融機関が融資する観点からは、両者にはかなりの隔たりがあります。**

　すなわち、**資産超過の会社は一応の信用力をもっていますが、債務超過の会社は信用力に乏しいとみられるのが普通**です。

　それも名目的な純資産ではなく、**実質的な純資産でみる必要があり、これをみるには少なくともその他の流動資産は純資産からマイナスして、それでも純資産が残っているかどうかでみなければなりません。**

　できれば、その他の流動資産以外も時価で評価するのが理想なのですが、これについてはなかなかむずかしい問題を含んで

います。
　この**実質的な純資産は、実態純資産ないし実資力の名称で呼ばれており、実務上非常に重視されています。**

2 損益計算書

(1) 損益計算書の概要

損益計算書は企業の一営業期間における**経営成績**を明らかにしています。

この経営成績とは**収益と費用**、およびその差額である**利益や損失**の状態をいいます。

損益計算書は利益や損失を計算・表示するため**プロフィット・アンド・ロス・ステイトメント（略称：P／L）**と呼んでいます。

損益計算書は一営業期間の経営成績を明らかにすることから、貸借対照表とは異なり、写真ではなく動画のようなものと考えるとよいでしょう。

<u>損益計算書</u>
平成○年○月○日から平成○年○月○日まで（単位：円）

費　　用	収　　益
利　　益	

つまり1年分の収益と1年分の費用の差額として、1年分の利益を表示しているわけです。

　損益計算書にも貸借対照表と同様に、左右に分けて表示する勘定式損益計算書と、上から下への書下ろし形式の報告式損益計算書があります。

　上記の様式は、勘定式損益計算書の様式です。

　ここで収益とは株式発行による増資などの資本取引によらずに貸借対照表の純資産を増加させる原因、費用とは株主への払戻しによる減資などの資本取引によらずに純資産を減少させる原因と考えればよいでしょう。

　収益が費用よりも多い結果として**当期純利益が生じる場合には純資産は増加し、逆に損失が生じる場合には純資産は減少します**。

　このように**貸借対照表と損益計算書は、当期純利益を通じてつながっています**。

　貸借対照表の純資産の部には、資本金などの元手である「資本」以外に、繰越利益剰余金と呼ばれる「利益」が計上されています。

　そして損益計算書で計算された当期純利益は、貸借対照表の純資産の部の繰越利益剰余金を増加させ、損失はこれを減少させます。

　言い換えると、**損益計算書が貸借対照表の純資産の部に計上された繰越利益剰余金の、期首から期末にかけての計算過程を表しています**。

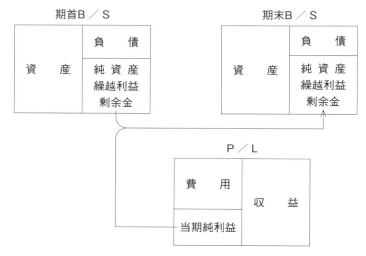

　さらに損益計算書には報告式損益計算書があり、ここでは計算区分に応じた**段階別利益**が表示されます。

　損益計算書における段階別利益のスタートは**売上総利益**です。

　これは**売上高**から**売上原価**を差し引いた利益で、通称「**粗利益**」と呼ばれており、要するに売り値と仕入値の差額です。

　次に出てくる利益は**営業利益**です。

　これは売上総利益から人件費や物件費等を内容とした**販売費および一般管理費**を差し引いた利益です。

　この営業利益は本業による利益であり、これに**営業外収益**をプラスし、**営業外費用**をマイナスしたものが**経常利益**です。

　ここで営業外収益は受取利息や雑収入等の本業以外の収益、営業外費用は支払利息等の本業以外の費用をいいます。

損益計算書

平成○年○月○日から平成○年○月○日まで（単位：円）

営業損益計算	Ⅰ．売　　上　　高 Ⅱ．売　上　原　価 　　　　　　　　　　　売 上 総 利 益 Ⅲ．販売費および一般管理費 　　　　　　　　　　　営　業　利　益
経常損益計算	Ⅳ．営 業 外 収 益 Ⅴ．営 業 外 費 用 　　　　　　　　　　　経　常　利　益
純損益計算	Ⅵ．特　別　利　益 Ⅶ．特　別　損　失 　　　　　　　　　　　税引前当期純利益 Ⅷ．法人税・住民税および事業税 　　　　　　　　　　　当　期　純　利　益

　この**経常利益は異常な要素を除いた正常な利益**といわれており、金融機関の融資審査では最重要視されています。

　いわゆる増収増益といった場合には、増収の「収」は売上高を意味し、増益の「益」はこの経常利益を指しています。

　経常利益に**特別利益**をプラスし、**特別損失**をマイナスしたものが**税引前当期純利益**、そこからさらに法人税等を差し引いたものが**当期純利益**であり、この当期純利益は貸借対照表の純資産の部の繰越利益剰余金の構成要素となっています。

　この**特別利益は臨時的な収益や過年度損益修正益**であり、臨時的な収益の例としては土地等の固定資産売却益が、過年度損益修正益の例としては各種の引当金戻入益があげられます。

　同様に**特別損失は臨時的な費用や過年度損益修正損**であり、

臨時的な費用の例としては土地等の固定資産売却損が、過年度損益修正損の例としては各種の引当金の繰入不足額があります。

なお、上場会社等の金融商品取引法適用会社では、過年度遡及会計基準により、過年度の決算を修正する際には過年度の決算自体のやり直しを行うことになっているため、過年度損益修正損益は計上されません。

一方、中小企業では、過年度損益修正損益はこれまでと同様に計上されています。

(2) 損益計算書の見方のポイント

損益計算書の見方のいちばん大きなポイントは、営業利益から経常利益にかけての動きをみることです。

営業利益から経常利益までは、次のように計算されています。

```
    営 業 利 益
  ＋営 業 外 収 益
  －営 業 外 費 用
    経 常 利 益
```

経常利益は臨時的な要素や異常な要素を取り除いた正常な利益といわれており、金融機関の与信判断の観点からはこの経常利益が最重要視されている関係から、「わずかな経常利益」を計上しているケースが非常に多く見受けられます。

この「わずかな経常利益」とは、具体的には経常利益を売上高で割った売上高経常利益率が1％未満の利益を指しています。

　こういった「わずかな経常利益」の場合には、それをそのままうのみにするのは危険です。

　端的にいえば利益操作された可能性が十分にあるからです。

　ここでの見方のポイントは、本業の利益である営業利益で支払利息等の営業外費用をまかなえているかどうかです。

　一般的には、営業利益の70％以上の営業外費用が計上されている状態が、経営にとって危険信号の状態であると考えられます。

$$\frac{営業外費用}{営業利益} \times 100 \geqq 70\% \quad \cdots\cdots 経営にとっては危険信号$$

　実際には営業利益を超える営業外費用を計上し、それでもなお経常利益をあげている会社も多いのですが、その場合には営業外収益の雑収益等が原資となって経常利益が計上されていることになり、かたちだけの利益の捻出をしているにすぎません。

　営業利益と営業外費用がほぼ見合っていると同時に、経常利益と営業外収益がこれもほぼ見合っているのは、日本の中小企業の古典的な損益計算書の姿です。

　経常利益の大半が営業外収益によってまかなわれている状態

とは、具体的には経常利益の70%以上が営業外収益によって構成されている状態であり、これは営業利益の70%が営業外費用で失われている状態と同様に、経営にとって危険な状態です。

$$\frac{営業外収益}{経常利益} \times 100 \geq 70\% \quad \cdots\cdots 経営にとって危険な状態$$

さらに当期純利益も経常利益と同様に、わずかな利益になるように操作されることの多い利益ですので、これが少額である場合にも利益操作を疑うべきでしょう。

(3) 売上高の見方のポイント

売上高は会社の利益を生む源泉です。

これがないことには話になりません。

貸借対照表と同様に、まずは**前期比較や数期間の推移**をみてください。

これは売上高に限らずすべての項目についていえます。

次には売上げの内訳を知りたいものです。

内訳は商品別や得意先別さらには地域別など、さまざまな切り口での内訳の把握が会社の事業の把握に役立ちます。

さらには、**一人当り売上げや坪当り売上げなど、効率性をみる指標も重要です。**

売上高の内訳を入手した際に、「その他の売上げ」が計上されている場合には注意が必要です。

本来は特別利益として表示すべきである固定資産売却益が紛れ込んでいるかもしれません。

　雑収入や雑費等の「雑」勘定や「その他の～」勘定は、実務では内容を隠したいときに用いますので、その内容の確認が必要となります。

　また、**関係会社向けの売上げはいくらでもつくることが可能**ですので、そのままうのみにすることはできません。

　その場合に**商品を仕入れた側の関係会社が、それを在庫として抱えていれば、実質的には未実現売上げとして売上高から除いて考えるべきものです。**

　特に関係会社の決算期が数カ月ずれているような場合には、これを利用して相互に売上げや仕入れ等を計上することで利益を操作することがあるため、注意しなければなりません。

　無理な売上げを計上していないかは、期末月売上げと翌期の期首月売上げの比較や上半期売上げと下半期売上げの比較、さらには在庫の回転期間と売上債権回転期間を同時にみることである程度わかりましたが、ここではさらに**実質的な架空売上げ**についてみてみましょう。

　最も単純な架空売上げは、㈱エフオーアイのように帳簿上のみ売上げを計上し、その回収がないものですが、次にあるのが借入金を売上げとして仮装するものです。

　これは意外に気がつきにくいため、簿外の借入金の有無には特に注意しなければなりません。

　この場合は簿外の借入金からも支払利息が発生するので、負

債に計上された借入金と支払利息の対応関係が崩れるのですが、支払利息をこれも簿外の預金口座から支払っているようなケースでは、意外と判明しづらいものです。

ただ、実際には売れていないわけですから、売上高と売上原価との対応関係は崩れますし、売上げに当然伴うべき注文書や納品書等の証憑書類の裏付けはありません。

したがって、突っ込んでいくとどこかでボロが出てきます。

さらに高度化すると、実質的な架空売上げにはいろいろなパターンが出てきます。

一つ目は**Uターン取引**です。

これは売り上げた後、数年経ってから相手方から直接戻ってくるケース（これは**買戻し条件付売上げ**です）や、比較的短期間にさまざまな会社を転々としてから戻ってくるケースがあります。

買戻し条件付売上げは、不動産業や建設業、水産物販売業、貴金属販売業に多いのですが、売り上げてから戻ってくるまでの間は、**実質的には借入金**の状態です。

法律用語で譲渡担保というのがありますが、これに近いものであるといえます。

ただ支払利息は計上されないため判明しづらいのですが、支払利息相当額が上乗せされて戻ってきますから、その時点で実は売上げではなく借入金であり、モノは担保として引き渡されていたにすぎないことがわかります。

ほとんどのケースでは表の契約書だけでなく、裏の契約書が

存在しており、見破るのに時間がかかる厄介な取引といえるでしょう。

この買戻し条件付売上げは、株式を上場する直前の不動産会社ではよくある話です。

株式を上場した後に、買戻しを履行されて業績がおかしくなる例は多々あります。

同業者同士のいわゆる仲間取引といわれるもので、昔からある取引です。

これに類する取引として、倒産した㈱ココ山岡宝飾店が行ったのが、買戻し条件付きの宝石の販売です。

5年経てばいつでも買い戻すという約束で宝石を販売したのですが、買戻し資金が不足して倒産してしまいました。

この場合は、会計的には借入れというよりは、返品調整引当金の計上もれといったほうが正しいのですが、いずれにせよ不健全な取引であることに変わりはなく、買戻し時の資金手当がなければ倒産してしまいます。

二つ目は**スルー取引**です。

売主が顧客に直接売らずに、間に「**他の会社**」を通すことからその名がついています。

この「他の会社」には、しばしば上場会社などの名門企業が登場します。

上場会社への売上げは売主にとっても信用がつきますし、買主にとっても上場会社からの仕入れのほうが喜ばれます。

この場合、上場会社は一定の利鞘を抜くことが多いのです

が、実態はなく単に帳簿上を通過したにすぎません。

商社でなくてもこういった帳簿だけの取引を行うことがあるため、取引実態の有無にも留意しなければなりません。

三つ目は**クロス取引**です。

これはたとえば、滞留在庫をもつ二つの会社があった場合、その滞留在庫をお互いに販売し合うものです。

この場合、在庫の場所が両者とも相手の会社に移動し、かつ原価が売価に付け変わっただけで、実態としては何も変わっていません。

しかし、両者共に売上高と売上原価は計上されますから、当然利益も計上されるわけです。

さらに、在庫ではなく固定資産をお互いに販売し合う場合や、在庫と固定資産を販売し合う場合もあり、クロスの仕方にはいろいろなパターンがあります。

クロス取引により購入した商品や固定資産を、お互い実際に利用しているのであれば、特に問題はなく正常な取引なのですが、滞留在庫の置き場所が相手方に変わっただけというのであれば、単なる利益操作です。

決算書をみる側では、実務上こういった取引の可能性があることを、常に念頭に置いておく必要があるといえるでしょう。

最後に、ここでの粉飾のパターンを整理しておきましょう。

収益の過大計上が資産の過大計上となる典型例が、架空売上げの計上による売掛金の過大計上であり、これを通じて利益と純資産が過大計上されています。

⑷ 売上原価の見方のポイント

売上原価は、商業の場合には仕入れた商品のうち販売された商品についての仕入原価、製造業の場合には製造した製品のうち販売された製品についての製造原価を意味します。

ここでは商業の例により、売上原価の内訳をみてみましょう。

```
      期首商品棚卸高
    ＋当期商品仕入高
    －期末商品棚卸高
      売上原価
```

期首商品棚卸高とは、当期がスタートする時点ですでにもっていた商品の額です。

これに当期の商品仕入高を加えると、当期中に販売可能な商品の原価が求まります。

そこから当期末の売れ残りの商品である期末商品棚卸高を差し引けば、自動的に売れた商品の原価がわかる仕組みです。

ここでは単純に期首商品棚卸高と期末商品棚卸高を比較して、商品在庫の増加額（または減少額）を知ることができます。

前期と比較して売上高が増加しているのであれば特に問題はありませんが、売上高が横ばいで在庫がふえているのであれば、在庫の回転期間は延長していることになります。

在庫の回転期間の延長要因として、滞留在庫があることはすでに学習しましたが、実務的にはもう一つの可能性がありま

す。

　それは**在庫の水増し、架空在庫の計上**です。

　本当はない在庫をあるものとして表示すると、期末商品棚卸高が過大となる分だけ売上原価が過小に計上されます。

　「在庫の水増しは粉飾の基本」といわれるくらい、一般的でありかつ外部からわかりにくい粉飾であるといえます。

　それでは、在庫の水増しはどういった特徴をもっているのでしょうか。

　在庫の回転期間は以下の算式により、計算されました。

$$在庫の回転期間（月）=\frac{在庫（棚卸資産）}{月商}$$

架空在庫がある場合、分子が過大に計上されることになるため、在庫の回転期間は滞留在庫と同じように長くなります。

　これだけでは架空在庫（本当はない在庫）と滞留在庫（本当にある在庫）の区別はつきませんが、**売上原価を売上高で除した売上原価率の動きは架空在庫と滞留在庫では違ってきます。**

$$売上原価率（\%）=\frac{売上原価}{売上高}\times 100$$

架空在庫の場合には、売上原価の内訳における期末商品棚卸高が過大となっている分だけ売上原価が過小となっている（そ

の分売上総利益が過大となっている)ことから、売上原価を売上高で除した**売上原価率は架空在庫の分だけ小さくなります。**

この兆候は会社全体で起こることもありますが、特定の部門、特定の店舗で起こることもあるため、決算書の細部にわたるきめ細かな観察が必要となります。

一方、滞留在庫の場合には、理論的には売上原価率は変化しませんが、実際には上昇傾向となります。

商　品

期首在庫	売上原価
当期仕入れ	⇑
	期末在庫

これは滞留が発生した場合、売り値を下げてでも売り切ろうという意思が働くからです(閉店間際のスーパーマーケットの食料品の値段を思い浮かべてください)。

この売上原価率の推移を在庫の回転期間とあわせてみることで、滞留在庫と架空在庫のいずれであるのかを見抜くことができるのです。

最後にここでの粉飾のパターンを整理しておきましょう。

費用の過小計上が資産の過大計上となる典型例として、滞留在庫の評価損の計上もれによる費用の過小計上がありますが、これ以外にも架空在庫の計上による売上原価の過小計上があります。

この場合は、費用の過小計上を通じて利益は過大計上されて

おり、資産の過大計上を通じて純資産も過大計上されています。

(5) 販売費および一般管理費の見方のポイント

販売費および一般管理費の区分には、給料・賞与等の人件費や賃借料・減価償却費等の物件費が表示されます。

ここでの見方のポイントは、前期比での内訳の推移をみることです。

たとえば人件費が前期比で急増していた場合は、事業の急な拡大、たとえば合併や事業譲受けがあったなどの理由が考えられます。

また、人件費が前期比で急減していた場合には、リストラによる人員削減のほか、人材派遣業者への委託の増加などの理由が推定されます。

まずは仮説を立てて、他の資料でそれを検証することが実務では役立ちます。

次に着目するべきは**役員給与等**です。

この金額をいくらにするかは、本来は定款や株主総会で決めるのですが、大部分の日本企業は経営者＝大株主であるため、経営者が自分で自分の給料を決めることになります。

日本の中小企業の7〜8割が赤字といいながら倒産しないのは、この役員給与等がバッファー（緩衝材）となり、いざとなれば役員からの借入金として資金が会社に還流するからです。

中小企業では数名の役員（ほとんどが同族役員）の役員給与

の合計と、数十人の従業員の給与の合計が同じとなっている決算が非常に多いのですが、これは実は優良会社の特徴であり、**役員給与の総額が常識外に高額であれば、営業利益や経常利益に加えてみるのが妥当**です。

役員給与の支払が、一種の剰余金の処分に当たっているといえるからです。

見方を変えれば、**役員給与等の決め方によって営業利益や経常利益はいかようにも調整できる**わけです（P206参照）。

次にみるべきは、**減価償却費や引当金繰入額などの支出を伴わない、会計上の費用**です。

これらは本来決算整理で一定のルールに従って正しく計上しなければならないものなのですが、中小企業では利益の調整弁として利用されているケースが多々あります。

減価償却費は会計上および会社法上、一定の償却方法に従って計画的・規則的に償却を行わなければならない（これを正規の減価償却といいます）ものであり、任意に増減させることはできません。

しかしながら中小企業では、業績が悪くなると減価償却費を減らして利益を出そうとし、業績がよくなると減価償却費をふやして利益を減らそうとします。

したがって、**減価償却費が急に減少したときは業績が悪化したシグナル、急に増加したときは業績がよくなったシグナル**とみてよいでしょう。

それでは、ここでの粉飾のパターンを整理しておきましょ

う。

費用の過小計上が資産の過大計上となる典型例として、減価償却費の計上不足による固定資産の過大計上があります。

ここでは費用の過小計上を通じて利益は過大計上され、資産の過大計上を通じて純資産も過大計上されています。

減価償却費の調整により、利益と純資産が調整されている例は実に多いものです。

さらに法人税法上の繰越欠損金(法人税での赤字は9年間の繰越が可能であり、その範囲内で当期の課税所得が出ても課税されない制度です)が切れない程度に減価償却費を調整していることもあり、その場合には課税所得の調節弁となっています。

また、引当金の計上不足は、費用の過小計上であると同時に(貸倒引当金を除いて)負債の過小計上となっています。

ここでも費用の過小計上を通じて利益は過大計上され、負債の過小計上を通じて純資産は過大計上されています。

なお、貸倒引当金の計上不足は資産の過大計上につながっており、結果的には純資産が過大計上されています。

また、減価償却費は支出を伴わない費用であるため、在庫の評価損と同様に**節税効果と自己金融効果**をもっています。

節税効果とは税法が認めた範囲内で法人税等を減少させる効果であり、自己金融効果とは減価償却費相当額の資金を社内に留保させる効果です。

減価償却費を法人税法で認めた範囲で目一杯計上している会社は、これらの効果をフルに享受しており、そうでない会社で

は、表面上の利益をつくるためにこれらのメリットを放棄しているとみてよいでしょう。

また、会社によっては**一目みただけでは内容がわからない特殊な科目**を使用しているケースがあります。

その場合は、その科目がその会社の特徴を示していることが多く、他の会社とはビジネスモデルが違っている部分を表しています。

その内容をなんらかの手段で確認することができれば、その会社を理解するのにおおいに役立つでしょう。

ただし一般的な科目であっても、おろそかにはできません。

たとえば雑費はどの会社にもありますが、その大きさ（具体的には販売費および一般管理費に占める割合や、営業利益に対する割合）により、会社の内部管理レベルを知ることができます。

当然のことながら、**雑費の割合の大きい会社は内部管理レベルが低い**わけです。

なかには営業利益の２倍の雑費を計上している会社もありますが、この場合には雑費を半減するだけで営業利益は２倍になることになります。

さらにすでにみたとおり、**雑勘定は内容を明らかにしたくない場合に利用されることが多い**という背景もあります。

通常、雑費は小さい費用を集めましたというイメージであると思いますが、たとえば従業員の使い込みや盗難損失といったものも雑費または雑損失（この場合は営業外費用）に計上されるのが普通です。

これは、内部管理レベルの低さを決算書のうえで明らかにしたくないからです。
　雑勘定や「その他の○○」といった科目が多い、あるいは金額が大きい場合には、内部管理のまずさが表れていると考えてよいでしょう。

コラム④

減価償却について

　会計上および会社法上、正規の減価償却が強制されているのはどうしてでしょうか。

　それは、**企業会計が目的としている期間損益計算の適正化のため**です。

　仮に固定資産を購入時に費用として処理すると、その事業年度だけ大赤字になり、その後の事業年度は売上げがあがっても費用がないため簡単に黒字になります。

　長年にわたって使用する固定資産は、その取得原価を使用期間にわたり費用として配分し、それぞれの期間の収益と対応させることが、期間損益計算の適正化に役立つと考えられています。

　期間損益計算を適正に行うには、収益と費用を適切に対応させなければなりません。

　これを費用収益対応の原則といいます。

　このために、各期の収益に対応する費用を資産の取得原価から割り当てて（配分して）、費用化する手続が必要とされました。

　すなわち、期間損益計算の適正化のために、費用収益対応の原則に基づいて、減価償却という費用配分を行うことにしたのです。

　一方、会社に適用される法人税法上の減価償却は任意となっています（なお個人に適用される所得税法では減価償却は強制です）。

　これは、一定の範囲内で減価償却費を損金として認めよう

という法人税法の姿勢を意味します。

つまり、**法人税法で認めた範囲での減価償却をしないということは、法人税法では、会社が節税を自ら放棄したと考えているわけです。**

したがって減価償却を減らすことで利益を意図的に多額にしようとすると、税金というコストが発生します。

問題会社は、こういう別の問題も抱えてしまうことになるのです。

(6) 営業外収益の見方のポイント

営業外収益では雑収入や雑収益等が、経常利益の調整に用いられやすいことはすでにみました。

本来は特別利益である項目が、重要性の原則により重要性が乏しいという理由で雑収入や雑収益等の科目で合法的に営業外収益に計上されてしまうケースが本当によくあります。

営業外収益は本業以外の収益ですから、そもそもこれが多額であること自体、自慢にはなりません。

さらに昔からある**有価証券の売却による益出し**も、相変わらず行われています。

これは含み益をもっている有価証券の売却を行うことで、意図した金額の有価証券売却益を営業外収益に計上し、経常利益を操作する方法です。

仮にその売却が関係会社向けのものであれば、有価証券の置き場所が変わったにすぎませんし、そうでない場合であっても

利益を調整していることに変わりありません。

　また、**受取利息がその元本と比較して多額にある状態は、決して好ましい状態ではありません。**

　デリバティブが組み込まれた預金や債券を仕組預金や仕組債といい、これらはいずれも高金利なのですが、その潜在的なリスクは元本を失わせるほど高いのが普通です。

　たとえば、日経平均株価が一定水準を下回れば、元本が急に日経平均株価に連動して減少するなどのリスクがあるわけです。

　典型的なハイリスク・ハイリターンの金融商品ですので、金利が高いのはいわば当然なのです。

　いずれにしても**営業外収益で経常利益をつくっている会社の損益計算書は、そのままうのみにせず、営業利益から支払利息などの営業外費用を差し引いた利益、つまり営業外収益を除いた利益があがっているかどうかをみる必要があります。**

(7) 営業外費用の見方のポイント

　営業利益が黒字の会社が経常損失を計上する大きな要因として、営業外費用に計上された支払利息の負担があることはすでにみましたが、この支払利息が正しく計上されているかどうかを知るには工夫が必要です。

　一つの方法として、支払利息を借入金で除して、その会社の決算書での**実質金利**を計算する方法があります。

$$実質金利（\%） = \frac{支払利息（P／L）}{長期・短期借入金（B／S）} \times 100$$

　なお、支払利息は1年間の金額であるのに対して、長期・短期借入金は一定時点の金額であるため、借入金は前期末（当期首）と当期末の金額の平均をとります。

　このようにして計算された実質金利が1〜5％程度であれば、実態を表しているといえるでしょう。

　それでは、中小企業である会社で実質金利が1％未満である場合や、逆に10％を超えているような場合はどういった事情が考えられるでしょうか。

　実質金利が異常に低い場合には、たとえば**自治体の制度融資を利用している場合**等、実際に金利が低い場合があります。

　しかしそうでない場合は、**支払利息を資産原価に算入**し、費用として計上していない場合があります。

　不動産開発業と固定資産の自家建設（自分でつくる場合）では、支払利息を資産原価に算入する会計処理も認められているのですが、そうでない場合には粉飾決算です。

　さらに悪質な場合には支払利息を支払えない会社で、現金主義で計上しているため、費用計上されていないケースもあります。

　本来はたとえ支払利息は未払いであっても、損益計算書に費用計上する必要があります。

一方、実質金利が異常に高い場合には、実際に高い金利を支払っている場合があります。

　その場合には借入先に**個人名**が登場したり、借入先に「**その他の借入先**」が登場したりします。

　担保提供されている不動産の登記簿謄本(担保提供の欄は乙区といいます)にも同様に個人名が出てきたりすると、金利の高いところからの借入れであることが推定されます。

　もう一つの可能性として、**借入金が一部簿外**となっているケースがあります。

　簿外の借入金がよくあるというと驚かれる方も多いのですが、たとえば実際は借入金であるのに、売掛金の回収や売上げとして会計処理をすれば、簿外の借入金は簡単につくれます。

　高金利の借入れと簿外の借入金は、いずれにしても危険なシグナルであることには変わりありませんので、要注意であるといえるでしょう。

(8) 特別損益の見方のポイント

　特別損益は臨時的な損益や過年度損益修正損益であり、臨時的な損益の例としては土地等の固定資産売却損益が、過年度損益修正損益の例としては各種の引当金の過不足修正額があげられました。

　ここでの見方のポイントは、どの程度特別損失を計上しているかです。

　特別損失は雑費と同様に、管理レベルの高い会社ではあまり

計上されず、**管理レベルの低い会社では科目数、金額共に多数かつ多額に計上されます。**

たとえばトヨタ自動車は管理レベルでいえば日本でトップクラスの会社ですが、トヨタ自動車（単体）の損益計算書には、基本的には特別損益の区分はありません（なお、トヨタ自動車（連結ベース）は米国の会計基準によっているため、もともと特別損益の区分はありません）。

これはトヨタ自動車にとって原則として臨時的な出来事はなく、過年度の損益を修正するような出来事もないということを表しています。

逆に**特別損失に科目がぎっしり計上され、かつその金額も大きい状態は、倒産した会社によくみられます**（次頁参照。なお、これは「過年度遡及会計基準」を適用していない損益計算書です）。

また報告式損益計算書において、費用はなるべく下に、収益はなるべく上に計上する会社が多いことにも注意しなければなりません。

これも一種の表示上の粉飾です。

報告式損益計算書の見栄えをよくするためには、収益はなるべく上のほうで、費用はなるべく下のほうで表示することになります。

たとえば、本来は雑収益として営業外収益に計上するべき収益を、「その他の売上げ」として売上高に含めて表示すれば、売上総利益と営業利益はその額だけかさ上げできます。

固定資産売却益は特別利益に表示するべきなのですが、これ

小杉産業（平成21年2月倒産）の事例

区分	注記番号	前事業年度 （自　平成18年2月1日 至　平成19年1月31日） 金額（千円）		百分比 （％）	当事業年度 （自　平成19年2月1日 至　平成20年1月31日） 金額（千円）		百分比 （％）
Ⅵ　特別利益							
1　保証債務引当金戻入額		—			25,000		
2　関係会社株式売却益	※4	1,305,000			—		
3　固定資産売却益	※5	1,039,471			—		
4　役員退職金引当金取崩額		10,000			—		
5　その他		—	2,354,471	11.2	2,809	27,809	0.1
Ⅶ　特別損失							
1　投資損失引当金繰入額		—			1,200,000		
2　貸倒引当金繰入額	※6	1,042,874			709,562		
3　関係会社株式評価損	※13	8,999			430,000		
4　返品調整引当金繰入額		—			342,185		
5　廃止ブランド商品処分損		—			162,130		
6　廃止ブランド損失引当金繰入額		—			73,807		
7　投資有価証券評価損	※8	165,199			47,719		
8　固定資産売却損	※12	13,031			18,261		
9　投資有価証券売却損		—			2,665		
10　固定資産除却損	※10	55,959			2,362		
11　関係会社株式売却損	※9	148,855			—		
12　減損損失	※7	600,469			—		
13　子会社整理損失引当金繰入額	※11	30,000			—		
14　保証債務引当金繰入額		25,000	2,090,392	9.9	—	2,988,694	16.9
税引前当期純損失			602,568	▲2.8		5,564,011	▲31.5
法人税・住民税および事業税		9,727			9,932		
法人税等調整額		—	9,727	0.1	—	9,932	0.1
当期純損失			612,295	▲2.9		5,573,943	▲31.6

が売上高に混ざっている場合までありますが、これはその一例です。

また、固定資産売却益はその売却先も気をつけなければなりません。

有価証券の売却による益出しと同様に、関係会社向けの売上げであれば、実質的には未実現売上げとして除いて考えるべきです。

一方で費用は下のほうで表示すると、報告式損益計算書の見栄えがよくなります。

たとえば、リストラに係る費用（特別割増退職金など）は臨時損失として特別損失に表示することが多いのですが、これが毎期経常的に発生している場合は臨時損失とはいえず、本来は販売費および一般管理費の区分に表示するべきものです。

リストラに係る費用を特別損失に表示すれば、販売費および一般管理費に表示する場合と比べ、営業利益と経常利益が、かさ上げされて表示されます。

また、**特別利益は営業外収益の雑収益に計上する一方で、特別損失をそのまま特別損失として表示していれば、経常利益のかさ上げです。**

したがって損益計算書において特別利益が計上されておらず、特別損失が計上されていればその疑いが濃厚です。

決算書をみる側では、こういった例が普通にあることを知っておくべきです。

コラム⑤

会社・役員間取引、会社・従業員間取引について

中小企業の決算書では、会社と役員との取引はよく登場します。

最も多いのは役員からの借入金ですが、不思議と流動負債に短期借入金として計上されている例が多いようです。

会社としてはすぐにでも返したい、役員としてはすぐにでも返してもらいたいという意思の表れでしょうが、現実には長期借入金として固定負債であるか、または返済がない資本（純資産）と考えられます。

逆の役員への貸付金は、不良債権化している例が多いようです。

会社の金庫から役員が勝手にお金をもっていってしまったなど、あまりよい例はありません。

会社から役員への売上げも問題があります。

社長命令で他の役員が会社の商品を買わされているなど、時折みられる光景です。

会社と従業員との取引もしばしばみられます。

従業員への貸付が、たとえば住宅（マイホーム）取得資金の貸付などの福利厚生目的であれば、特に問題はありません。

しかし、貸し付けたお金で従業員が会社の商品や自社株式を購入させられているようなケースでは、資金が会社に還流しているため、きわめて不健全です。

これも早晩、不良債権化するとみて間違いありません。

逆に従業員からの借入れが生じた場合は末期症状であり、

倒産直前の状態ですし、従業員向けの売上げが、売上げの大半を占めているような状況も同様です。
　従業員との取引は、給与や賞与の支払にとどめておいたほうがよさそうです。

コラム⑥

利益・損失の付替えについて

　役員一族が資本関係をもつ関連会社は利益や損失の付替えにも利用されることが多いため、その事実の有無は把握しておかなければなりません。

　会社の利益の調整は役員給与等や減価償却、在庫を用いて行われることが多いのですが、役員一族の関連会社が利用されることもまれではありません。

　この場合、会社の利益を抑制するため、役員の関連会社に実態のない外注費や委託費を支払うこともあり、会社が費用計上した金額だけ関連会社に利益が移転しています。

　特に不良な子会社の経営を再建するために、会社の利益を子会社に移転することは、実務では当たり前のように行われています。

　逆に費用を付け替えるなど、会社の赤字を子会社に押し付けて、会社自身はわずかな利益を計上している例も後を絶ちません。

　また、関連会社は、会社の売上げの操作にもよく用いられます。

　関連会社向けの売上げは、単に商品の置き場所が変わっただけであり、未実現売上げであるため、実態としては売上げでないとみるべきです。

　粉飾のパターンとしては資産と収益の過大計上となっているため、これにより純資産と利益が過大計上されています。

　その場合に商品を購入した関係会社に支払資金がない場合には、会社から貸付や増資が行われることもあり、この場合

には売掛金が貸付金や投資有価証券に姿を変えており、その資産性（資産価値）は限りなくゼロに近づきます。
　決算書をみる側では、常にこういった操作を行っていないかどうかについて注視する必要があります。

コラム⑦
共謀による不正支出について

　自治体やその出先機関等では、特に共謀による不正な支出が問題となります。

　これは団体の購買部署と外注先が示し合わせて、取引実態がないのにお金だけ支払うケースです。

　これによりその団体は損をするのですが、自治体等の会計は予算の執行を重視しているため、購入代金が世間相場よりも高いかどうかよりも、無事に予算が消化できるかどうかのほうに関心が高いことから生じるものです。

　予算を余らせると責任を追及されたり、翌年度の予算を減らされたりするために、ただ単に予算を消化する目的でお金を先払いすることもあります。

　これは業界用語で「預け金」や「一括払い」というのですが、自治体だけではなく、それに近い公的な団体にも同様の予算消化の動機が働くため、不正に支出が行われている例があります。

　たとえば、設備投資資金として借入れを行い、設備投資をしていることになっていたとしても、実際には何もしていない例や、修繕費として予算執行していても、まったく修繕していない例など、多々あります。

　これを見抜くには、実際に現場を見に行くことがいちばん有効です。

　設備投資をしていることになっているのであれば、その設備を、修繕していることになっているのであれば、修繕状況を見に行くべきです。

> 紙の上だけではなく、実際に自分の目で確認することは、かなり重要であると思われます。

(9) 事例研究

それでは実際の事例として、倒産した㈱マイカルの決算書をみてみましょう。

東証１部上場企業であった㈱マイカルは、平成13年９月14日に東京地裁に民事再生法の適用を申請し、事実上倒産しました。

㈱マイカルは小売業としてはかなり有名な企業であり、サティやビブレといった商業施設を運営していた企業です。

それでは（旧）商法に基づく決算公告から、㈱マイカルの倒産に至る状況を分析してみましょう。

① 平成12年２月期

売上高は1,081,022百万円ですが、これに対して経常利益と当期純利益はそれぞれ3,244百万円と1,784百万円であり、利益率はそれぞれ0.3％と0.17％です。

この事例のように利益率が１％未満の場合には、利益が操作された可能性が高いと考えてよいでしょう。

また、先ほどの営業利益から経常利益にかけての見方を適用し、営業利益が営業外費用でどの程度失われているかと営業外収益が経常利益にどの程度貢献しているかをみてみましょう。

㈱マイカルの２期分の決算書

平成12年５月26日

第37期決算公告

大阪市中央区淡路町二丁目２番９号
株式会社マイカル
代表取締役社長　宇都宮浩太郎

貸借対照表要旨
（平成12年２月29日現在）

(単位：百万円)

資産の部		負債の部	
科目	金額	科目	金額
流動資産	211,143	流動負債	178,448
現金預金	16,145	支払手形	17,648
受取手形	308	買掛金	88,862
売掛金	14,542	短期借入金	13,416
有価証券	5,201	転換社債	4,970
商品	55,104	設備関係支払手形	3,199
その他	119,964	その他	50,351
貸倒引当金	▲122	固定負債	389,440
固定資産	652,634	社債	270,000
有形固定資産	171,142	転換社債	5,355
建物	57,031	長期借入金	28,882
土地	101,104	預り保証金	74,484
その他	13,006	退職給与引当金	5,188
無形固定資産	45,671	投資損失引当金	1,219
投資等	435,820	その他	4,311
投資有価証券	5,656	負債合計	567,888
子会社株式等	86,116	資本の部	
差入保証金	264,612	資本金	74,024
その他	131,033	法定準備金	137,351
貸倒引当金	▲50,599	剰余金	84,917
繰延資産	404	（うち当期利益）	(1,784)
		資本合計	296,293
資産合計	864,182	負債・資本合計	864,182

損益計算書の要旨
（自　平成11年３月１日
至　平成12年２月29日）

(単位：百万円)

科目	金額
営業収益	1,081,022
営業費用	1,072,874
営業利益	8,147
営業外収益	5,145
営業外費用	10,048
経常利益	3,244
特別利益	73,748
特別損失	73,053
税引前当期利益	3,938
法人税、住民税及び事業税	2,398
法人税等調整額	▲243
当期利益	1,784
前期繰越利益	10,847
過年度税効果調整額	▲1,159
税効果会計適用に伴う	
配当準備積立金取崩額	3,287
中間配当額	3,492
利益準備金積立額	349
当期未処分利益	10,918

(注記)
1. 有形固定資産の減価償却累計額　80,739百万円
2. １株当たりの当期利益　　　　　　５円62銭
(備考) 百万円未満の記載金額は切り捨てて表示しております。

平成13年5月25日

大阪市中央区淡路町二丁目2番9号
株式会社マイカル
代表取締役社長　四方　修

第38期決算公告

貸借対照表要旨
（平成13年2月28日現在）

（単位：百万円）

資産の部	金額	負債の部	金額
科目		科目	
流動資産	619,068	流動負債	597,366
現金預金	27,951	支払手形	16,822
受取手形	490	買掛金	111,405
売掛金	18,328	短期借入金	318,606
有価証券	11,578	社債	23,500
商品	54,748	設備関係支払手形	10,038
短期貸付金	439,704	その他	116,994
その他	66,392	固定負債	653,579
貸倒引当金	▲125	社債	319,000
固定資産	860,487	転換社債	5,355
有形固定資産	176,499	長期借入金	230,897
建物	54,874	退職給与引当金	66,058
土地	98,680	投資損失引当金	11,622
その他	22,944	店舗閉鎖引当金	18,000
無形固定資産	60,272	その他	1,963
投資その他の資産	623,714	負債の部合計	1,250,945
投資有価証券	42,624	資本の部	
子会社株式等	210,480	資本金	74,024
差入保証金	272,985	法定準備金	137,858
その他	122,739	剰余金	17,327
貸倒引当金	▲25,115	（うち当期損失）	(62,012)
繰延資産	600	資本の部合計	223,210
資産合計	1,480,156	負債・資本合計	1,480,156

損益計算書の要旨
（自　平成12年3月1日　至　平成13年2月28日）

（単位：百万円）

科目	金額
営業収益	1,050,623
営業費用	1,042,969
営業利益	7,653
営業外収益	7,589
営業外費用	14,418
経常利益	824
特別利益	4,789
特別損失	112,068
税引前当期損失	106,454
法人税、住民税及び事業税	678
法人税等調整額	▲45,119
当期損失	62,012
前期繰越利益	7,747
中間配当金額	1,577
利益準備金積立額	157
当期未処理損失	56,000

（注記）
1. 有形固定資産の減価償却累計額　94,275百万円
(参考) 1株当たりの当期損失　195円29銭
（備考）百万円未満の記載金額は切り捨てて表示しております。

$$\frac{営業外費用}{営業利益} \times 100 = \frac{10,048}{8,147} \times 100 = 123.3\%$$

$$\frac{営業外収益}{経常利益} \times 100 = \frac{5,145}{3,244} \times 100 = 158.6\%$$

これらの比率はいずれも100%を大きく超えていて、倒産が間近い危険な状況であることがわかります。

一方貸借対照表における流動比率は、表面上は100%を超えています。

$$流動比率 = \frac{流動資産}{流動負債} \times 100 = \frac{211,143}{178,448} \times 100 = 118.3\%$$

ただし「その他の流動資産」は、前述のように不健全流動資産として、資産性に乏しい（資産としての価値に乏しい）ため資産から除いて考えなければなりません。

$$修正流動比率 = \frac{流動資産 － その他の流動資産}{流動負債} \times 100$$

$$=\frac{211,143-119,964}{178,448}\times 100=51.1\%$$

　修正後の実質的な流動比率は51.1%であり、短期的な資金繰りにも困っていることがわかります。

② **平成13年2月期**

　損益計算書では、売上高1,050,623百万円に対して当期純損失が多額の赤字となっていますが、経常利益を計上しています。

　しかしその金額は824百万円であり、売上高に対する利益率は0.078%にすぎません。

　売上高の0.1%に満たない利益は最早利益ではなく、利益操作の疑いが濃厚です。

　売上高が1兆円を超えているため、824百万円の利益がどの程度の規模なのかわかりづらいですが、単位を1,000分の1に落として売上高が約1億円であるとすると、経常利益は824千円となります。

　実際にも売上高1億円程度の会社で80万円程度の利益を計上している例は多いのですが、これでは信頼できない決算といわれて当然です。

　一方、営業利益から経常利益にかけて、営業利益が営業外費用でどの程度失われているか、営業外収益が経常利益にどの程度貢献しているかは以下のとおりです。

$$\frac{営業外費用}{営業利益} \times 100 = \frac{14,418}{7,653} \times 100 = 188.4\%$$

$$\frac{営業外収益}{経常利益} \times 100 = \frac{7,589}{824} \times 100 = 921.0\%$$

 ここでは営業利益の2倍近い営業外費用、経常利益の9倍以上の営業外収益となっており、経営的には末期症状となっています。

 次に貸借対照表をみてみましょう。

 前期の貸借対照表と比較して、総資産が864,182百万円から1,480,156百万円へと、約1.7倍にふくれ上がったのが目につきます。

 また資産の増加額以上に負債が増加しており、財務体質が急速に悪化していることがわかります。

 資産のうち最も増加した科目は短期貸付金ですが、これは㈱マイカルの関係会社が自分で資金調達できなくなり、親会社に助けを求めてきたため、親会社である㈱マイカルが借入れ等の資金調達を行い、関係会社に貸し付けることで資金援助したものです。

 この関係会社向けの短期貸付金には、資産性はほとんどありません。

いわゆるある時払いの催促なしの状態であり、さらに追加で貸し付けることはあっても回収される見込みはゼロに近いと思われます。

　会計的にはこの短期貸付金やその他の流動資産に対し、ほぼ全額の貸倒引当金が必要であったと考えられますが、これに対する手当はなされませんでした。

　こういった事情から、流動比率は表面上は100%を超えているようにみえますが、短期貸付金を含めた「その他の流動資産」を資産から除いて修正した実質的な流動比率は大幅に低下しています。

$$流動比率 = \frac{流動資産}{流動負債} \times 100 = \frac{619{,}068}{597{,}366} \times 100 = 103.6\%$$

修正流動比率

$$= \frac{流動資産 - 短期貸付金・その他の流動資産}{流動負債} \times 100$$

$$= \frac{619{,}068 - 439{,}704 - 66{,}392}{597{,}366} \times 100$$

$$= 18.9\%$$

　修正後の実質的な流動比率は20%を下回っており、会社の資金繰りは給料の支払にも事欠くような火の車となっています。

さらに不健全流動資産である短期貸付金とその他の流動資産を純資産から差し引いた「実質的な純資産」（実際の純資産）と、短期貸付金・その他の流動資産の前期比増加額を当期純損失から差し引いて計算した「実質的な当期純損失」（実際の当期純損失）は次のとおりです。

実質的な純資産（実際の純資産）
＝純資産－短期貸付金・その他の流動資産
＝229,210－439,704－66,392＝－276,886百万円

実質的な当期純損失（実際の当期純損失）
＝当期純損失－短期貸付金・その他の流動資産の前期
　比増加額
＝－62,012－（439,704＋66,392－119,964）
＝－448,144百万円

　これにより実質的には平成13年2月期において276,886百万円の債務超過、448,144百万円の当期純損失であったことがわかります。

　この時点ですでに会社の寿命は尽きていたといえるでしょう。

　さらにこの決算の後に、㈱マイカルは法人および個人向けの社債を発行していたのですが、これでは取込詐欺です。

結果的にはこの社債はデフォルトとなり、個人の社債権者は30％しか償還されませんでした。

　なお、法人の社債権者には10％しか償還されず、マイカル債をMMFに組み込んでいた証券会社では、元本割れはありえないとされていたMMFが初めて元本割れを起こし、社会問題となったほどです。

[㈱マイカルの事例からわかること]

1　わずかな利益は粉飾決算の可能性が大きいため、信用してはいけない。

2　その他の流動資産は資産性が乏しいため、これが多額であるだけで問題がある。

3　その他の流動資産は資産と純資産から取り除き、その増加額は当期純利益から取り除いてみること。

⑽　少額の利益または少額の純資産

それではなぜ、少額の利益は粉飾決算の可能性が大きいのでしょうか。

利益操作した決算書の特徴として、経常利益や当期純利益が極端に少なく、㈱マイカルの事例のように、売上高に対する利益率が１％に満たない例が多くみられます。

　これは、**少額の利益が金融機関からの信用を継続し、かつ法人税等の税金を少なくすることの両方に役立つため、売上高に**

対する利益率が極端に低い損益計算書となるからです。

つまり信用と税金のバランスのうえからは、少額の利益は非常に都合がよいからです。

経常利益または当期純利益が少額でも計上されていれば、金融機関からの融資が継続する最低水準を満たすため、たとえば販売費および一般管理費の一部を前払金や前払費用に振り替える操作等により、経常利益または当期純利益をほんのわずかに計上する決算が後を絶ちません。

しかしながらあまり利益を出しすぎると、今度は法人税等の負担が重くなるため、ギリギリ最小限の利益にするのが普通です。

この結果として、売上高に対する利益率がわずか０．数パーセントの決算ができあがります。

また、純資産がプラスの場合には**資産超過**、純資産がマイナスの場合には**債務超過**といいますが、金融機関からみた決算書の見方として資産超過と債務超過では大きな違いがあります。

つまり資産超過は、仮にそれが少額であっても、少額の利益と同様に金融機関からの信用すなわち融資の継続に役立つわけです。

このため、ここでもわずかな純資産を計上する決算が後を絶ちません。

現実には債務超過に転落することの防止策として、架空資産を計上し、簿外負債をつくるケースがよくあります。

架空資産とは実際には「ない」資産を「ある」ものとして表

示する方法であり、簿外負債とは実際には「ある」負債を「ない」ものとする方法です。

　架空資産というとピンとこないかもしれませんが、債権の回収がほとんど見込まれないのに貸倒引当金を計上していない状態や、有価証券の時価が下がっているのに評価損を計上していない状態は、貸倒引当金や有価証券評価損相当額の含み損を抱えており、その金額分だけ架空資産となっているわけです。

　一方、簿外負債の例としては、たとえば退職給付引当金が計上されていない例が典型例です。

　退職給付引当金は『中小企業の会計指針』（P227参照）でも強制されているのですが、実際に中小企業で計上しているのは優良会社に限られます。

　退職給付引当金が計上されていない場合には、計上されていない負債、すなわち簿外負債が存在しています。

　純資産は資産から負債を差し引いて計算されますので、資産が過大でかつ負債が過小であれば、差額の純資産は過大に計上されていることになります。

　こういった決算書が、実際には非常に多いことに留意しなければなりません。

　具体的には、総資産（＝総資本＝負債＋純資産）に対する純資産の割合が1％未満であれば、売上高に対する利益率が1％未満である場合と同様に、決算書の信憑性を疑ってみるべきでしょう。

コラム⑧

貸借対照表の実践的な見方

貸借対照表を一目みただけで、その会社の業績の良し悪しはほぼ見当がつきます。

業績の悪い会社の貸借対照表のイメージは以下のようになります。

貸借対照表
平成○年○月○日現在（単位：円）

重　い	軽　い
	純 資 産

つまり資産の部が重く、負債の部が軽いイメージです。

ここで重い、軽いとは科目の数がぎっしり詰まっているか、あっさり終わっているかという全体とのバランスを表しています。

資産が重い場合とは、たとえばその他の流動資産について、未収金、立替金、仮払金、前払金、前払費用、未収収益、短期貸付金等がすべて計上され、その金額も多額であるような場合です。

これに対して負債が軽い場合とは、流動負債に支払手形、

買掛金と短期借入金しか計上されておらず、引当金やその他の流動負債が見当たらないようなケースです。

引当金はその要件を満たしている場合には、原則として強制計上となっていますし、未払金や未払費用がゼロということはありえません。

こういった場合は、資産は過大に計上され架空資産がある可能性が高く、負債は過小に計上され簿外負債となっている可能性が高いわけです。

その結果、資産と負債の差額である純資産は過大に計上されています。

これによりギリギリの資産超過となっている場合もありますが、実態は債務超過であるといえるでしょう。

一方、業績のよい会社はこれとは逆となります。

貸借対照表
平成○年○月○日現在（単位：円）

つまり資産の部が軽く、負債の部が重いイメージです。

資産が軽い場合とは、たとえばその他の流動資産がほとんど計上されていないケースです。

これに対して負債が重い場合とは、買掛金や借入金、未払

金等はもちろんのこと、法人税法では認められていない引当金であっても積極的に計上しているようなケースです。

実際に聞いたことのない引当金を計上しているような会社もあるのですが、これは利益と純資産の抑制以外の何物でもありません。

こういった場合は、資産は過小に計上され簿外資産がある可能性が高く、負債は過大に計上され架空負債となっている可能性が高いわけです。

その結果、資産と負債の差額である純資産は過小に計上されています。

これによりギリギリの資産超過(プラスの純資産)となっている場合もありますが、実態は大幅な資産超過であるといえるでしょう。

コラム⑨

内部統制とその限界について

　上場会社などの金融商品取引法適用会社では、経営者に内部統制組織の義務づけが行われており、いわゆるガバナンスとコンプライアンスは法律上の義務となっています。

　一方、中小企業では会社法上、内部統制は任意であるため、売上高が数億円程度の場合には、そもそも内部統制組織の構築は話題になりません。

　会社の規模が大きくなると、内部統制のうち特に内部牽制（会社内部で相互にチェックする仕組み）が問題となり、たとえば現金を扱う担当者は仕訳の起票・入力を行えなくするなどの措置がとられるのですが、内部統制には根本的な限界があります。

　その一つは経営者による不正です。

　内部統制は経営者の経営管理の一部であるため、経営者が粉飾決算を指導すれば、これについての歯止めはかかりません。

　㈱東芝の事例は、巨大企業であっても内部統制組織が機能しなかった典型例といえます。

　もう一つは共謀です。

　複数の人間が不正に関与すれば、内部牽制は働きません。

　日本の会社は一種の村社会であるため、そこで正義を貫くには精神的に相当の負担がかかります。

　このため、いわゆる「見て見ぬふりをする」ことが多く、これも内部統制にとって大きな障害といえるでしょう。

3 キャッシュフロー計算書

(1) キャッシュフローと損益について

① キャッシュとは何か

キャッシュフローとは資金の流れ、あるいはその額を表していますが、その内容を考えるにあたり、キャッシュすなわち資金の範囲が問題になります。

キャッシュフロー計算書では、**キャッシュ（資金）の範囲は、現金および現金同等物**とされています。

そしてキャッシュ（資金）の増加が収入、減少が支出としてキャッシュフロー計算書に記載されることになります。

なおここで**現金とは、手元現金だけでなく要求払預金（普通預金、当座預金、通知預金など）を含んでいます。**

また現金同等物とは、容易に換金可能であり、かつ価値の変動について僅少なリスクしか負わない短期投資をいい、その例としては3カ月以内の定期預金、譲渡性預金（CD）、コマーシャルペーパー、公社債投資信託などがあります。

このキャッシュ（資金）の範囲の決定は、具体的には個々の企業の経営判断に委ねられています。

② 利益は意見、キャッシュは事実

今日では会社の業績の良し悪しを判断する際には、利益だけでなく、キャッシュフローを重視することがふえています。

ここでは利益とキャッシュフローの違いについてみてみましょう。

よく「**利益は意見、キャッシュは事実**」といわれます。

これは、**利益は目でみることはできない主観的・観念的なものですが、キャッシュは実際に目でみることができる客観的・具体的なものであるという意味です。**

たとえばある商品を2回に分けて仕入れたとします。

仕入れが1回目は1個100万円で、2回目は1個140万円で行われ、そのうちの1個が150万円で売れたとした場合、損益の計算方法は以下のように2通りあることになります。

ここで先入先出法とは先に仕入れたものから先に出ていくと仮定する方法です。

また、平均法とは複数回の仕入れに際しての仕入単価を平均して計算する方法です（なお、後入先出法は廃止されました）。

先入先出法：売上げ150万円－売上原価100万円
　　　　　　＝利益50万円

平　均　法：売上げ150万円－売上原価120万円
　　　　　　＝利益30万円

企業会計の利益についての真実性は相対的真実性（正しい利益は複数あるとする考え方です）であるとされており、このいずれの利益も真実な利益となります。

一方、キャッシュは初めに240万円の現金からスタートした

とすると、どのような考え方をとっても仕入れによって現金はゼロとなり（240万円 − 100万円 − 140万円 = 0）、その後の売上げによって150万円の現金が残っていることになります。

すなわち、貸借対照表の現金はいずれのケースにおいても150万円になります。

つまりキャッシュは考え方によって、その額が左右されないわけです。

それでは、上記の損益計算の方法の相違が、貸借対照表のどの部分に影響を与えるかをみてみましょう。

貸借対照表の商品は、先入先出法を採用した場合には2回目に仕入れた140万円、平均法の場合には平均単価の120万円がその評価額になります。

これにより純資産に計上される利益の金額もそれぞれ50万円、30万円と相違しています。

このように利益は貸借対照表の純資産の部の増加であるのに

先入先出法のケース

損益計算書		貸借対照表			
売上高	150万円	現金預金	150万円		
売上原価	(−) 100万円	商品	140万円		
利益	50万円			利益	50万円

平均法

損益計算書		貸借対照表			
売上高	150万円	現金預金	150万円		
売上原価	(−) 120万円	商品	120万円		
利益	30万円			利益	30万円

対して、キャッシュフローは貸借対照表の現金および現金同等物の増加（または減少）を意味しています。

損益計算書とキャッシュフロー計算書との関係でいえば、**損益計算書が貸借対照表の純資産の部の繰越利益剰余金の期末に至る計算過程を表すのに対して、キャッシュフロー計算書は貸借対照表の現金および現金同等物の期末に至る計算過程を表しています。**

これが「利益は意見、キャッシュは事実」という意味です。しかしながら**実務上はキャッシュも実は操作できることを知っておかなければなりません。**

たとえば利益をかさ上げする手段として株式等の有価証券の売却による益出し操作があげられますが、この操作は同時に有

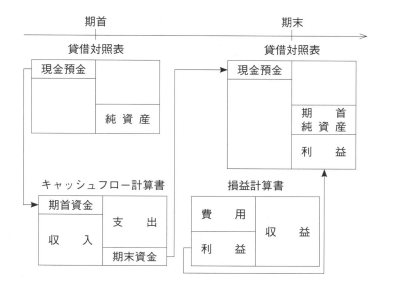

価証券売却収入をふやすことで、投資活動によるキャッシュフローをふやすことになります。

また、仕入債務の支払を意図的に引き延ばせば、営業活動によるキャッシュフローをふやすこともできます。

つまり「キャッシュは事実」であるのはたしかなのですが、目標額を決めて、そうなるように調節することができるのです。

ただしキャッシュフロー計算書では、キャッシュフローの増減のプロセスがわかりますので、キャッシュフロー計算書のなかでどういった要因によってキャッシュが増減しているかをみればよいことになります。

また、キャッシュフローが脚光を浴びてきているのは、それ**が投下資本に対する見返りを正確に表現している**からです。

中小企業でも、投資からのリターンをキャッシュフローで表現することが求められているわけです。

③ 利益は栄養、キャッシュは血液

損益と同様にキャッシュが重要であることを表す言葉として、「黒字倒産」「勘定あって銭足らず」という言葉があります。

これらはいずれも**損益面では黒字であっても、資金不足となり倒産することもありうる**ことを表しています。

たとえば、東京商工リサーチの調査によれば、2016年に倒産した544社のうち半数超が黒字でした。

つまり、赤字倒産よりも黒字倒産のほうが多く、倒産の過半

数を占めていたわけです。

　東京商工リサーチの調査対象は主に中小企業ですので、中小企業でも資金管理がまずいと、損益が黒字でも倒産していることがわかります。

　現実に決算上の利益があがっていても、仕入先への仕入債務の支払や給料の支払に苦労するような資金繰りが苦しい会社は多いものです。

　特に利益が在庫見合いであったり、売上債権見合いであったりすると、利益の裏付けとなるキャッシュは存在していないことになります。

　キャッシュは会社の血液であり、これがないと死んでしまいます。

　一方、**利益は栄養に当たる**と考えてよいでしょう。

　この両者は密接な関係があり、**貧血が実は栄養不足である**のとよく似ています。

　贅肉がつくと人間は生活習慣病にかかりやすくなりますが、会社も同じです。

　贅肉に相当しているのが、棚卸資産（在庫）や売上債権、その他の流動資産の滞留分や過大な設備投資や投融資です。

　会社も人間と同じように贅肉を落とし、生活習慣病を防止して血液の循環をよくしなければなりません。

　資金の回転のスピードを高める経営が必要となるわけです。

⑵ キャッシュフロー計算書の概要

キャッシュフロー計算書は営業活動によるキャッシュフロー、投資活動によるキャッシュフロー、および財務活動によるキャッシュフローの3区分となっています。

それでは、それぞれの内容をみていきましょう。

① 営業活動によるキャッシュフロー

営業活動によるキャッシュフローの区分の表示には**直接法と間接法**の二つの表示方法があります。ただし、実務的にはほとんどの企業が間接法により表示しています。

なお直接法と間接法では、両者の計算過程は異なりますが、結論としての営業活動によるキャッシュフローの金額はどちらの方法によっても同じです。

また、**ここでいう「営業活動」とは、損益計算書における営業外損益や特別損益、法人税等をキャッシュベースで表したものであり、本業以外の活動も含まれます。**

つまり本業を意味する営業利益の「営業」とはその範囲が異なる点に留意しなければなりません。

また、土地や有価証券の売却によるキャッシュフローは、営業活動ではなく投資活動によるキャッシュフローの部に記載されますので、営業活動によるキャッシュフローは損益計算書を現金主義（収益、費用ではなく収入、支出を計上する考え方）で作成したものとは、この点で若干異なります。

この営業活動によるキャッシュフローは、企業が外部からの

キャッシュフロー計算書（直接法）

(単位：万円)

	項　目	金　額
営業活動によるキャッシュフロー	営業収入	
	（−）原材料または商品の仕入支出	
	（−）人件費支出	
	（−）その他の営業支出	
	小　　計	
	（＋）利息および配当金の受取額	
	（−）利息の支払額	
	（−）法人税等の支払額	
	営業活動によるキャッシュフロー合計	
投資活動によるキャッシュフロー	（−）有価証券の取得による支出	
	（＋）有価証券の売却による収入	
	（−）有形固定資産の取得による支出	
	（＋）有形固定資産の売却による収入	
	（−）無形固定資産の取得による支出	
	（＋）無形固定資産の売却による収入	
	（−）投資有価証券の取得による支出	
	（＋）投資有価証券の売却による収入	
	（−）貸付による支出	
	（＋）貸付金の回収による収入	
	投資活動によるキャッシュフロー合計	
財務活動によるキャッシュフロー	（＋）短期借入れによる収入	
	（−）短期借入金の返済による支出	
	（＋）長期借入れによる収入	
	（−）長期借入金の返済による支出	
	（＋）社債の発行による収入	
	（−）社債の償還による支出	
	（＋）株式の発行による収入	
	（−）配当金の支払額	
	財務活動によるキャッシュフロー合計	
	現金および現金同等物に係る換算差額	
	現金および現金同等物の増加額	
	現金および現金同等物期首残高	
	現金および現金同等物期末残高	

キャッシュフロー計算書（間接法）

(単位：万円)

	項　目	金　額
営業活動によるキャッシュフロー	税引前当期純利益	
	（＋）減価償却費	
	（＋）貸倒引当金の増加額	
	（＋）その他の引当金の増加額	
	（－）受取利息および配当金	
	（＋）支払利息	
	（－）有価証券売却益	
	（＋）有形固定資産除却損	
	（－）売上債権の増加額	
	（－）棚卸資産の増加額	
	（＋）仕入債務の増加額	
	（－）その他の流動資産の増加額	
	（＋）その他の流動負債の増加額	
	（＋）その他の固定負債の増加額	
	小　計	
	（＋）利息および配当金の受取金	
	（－）利息の支払額	
	（－）法人税等の支払額	
	営業活動によるキャッシュフロー合計	
投資活動によるキャッシュフロー	（－）有価証券の取得による支出	
	（＋）有価証券の売却による収入	
	（－）有形固定資産の取得による支出	
	（＋）有形固定資産の売却による収入	
	（－）無形固定資産の取得による支出	
	（＋）無形固定資産の売却による収入	
	（－）投資有価証券の取得による支出	
	（＋）投資有価証券の売却による収入	
	（－）貸付による支出	
	（＋）貸付金の回収による収入	
	投資活動によるキャッシュフロー合計	
財務活動によるキャッシュフロー	（＋）短期借入れによる収入	
	（－）短期借入金の返済による支出	
	（＋）長期借入れによる収入	
	（－）長期借入金の返済による支出	
	（＋）社債の発行による収入	
	（－）社債の償還による支出	
	（＋）株式の発行による収入	
	（－）配当金の支払額	
	財務活動によるキャッシュフロー合計	
	現金および現金同等物に係る換算差額	
	現金および現金同等物の増加額	
	現金および現金同等物期首残高	
	現金および現金同等物期末残高	

資金調達に頼ることなく営業能力を維持し、新規投資を行い、借入金を返済し、配当金を支払うためにどの程度の資金を営業活動から獲得したかを示しています。

この区分には、内容として以下のものが記載されます。

a　営業損益計算の対象となった取引に係るキャッシュフロー

これは、商品および役務の販売による収入、商品および役務の購入による支出を意味し、具体的には売上高、売上原価、販売費および一般管理費に含まれた取引に係るキャッシュフローを記載します。

b　営業活動に係る債権債務から生じるキャッシュフロー

これは、売上債権の回収や仕入債務の支払のほか、営業活動により取得した受取手形の割引による収入、売上債権のファクタリング（売却）による収入も記載します。

c　投資活動・財務活動以外の取引によるキャッシュフロー

これはたとえば災害損失に対する保険金収入、損害賠償金の支払や特別割増退職金の支払等がこれに該当します。

それではまず、直接法により表示する場合の内容を確認しておきましょう。

ここでの営業収入は現金主義で計上される売上債権の回収高（資金の増加高）であり、損益計算書の売上高とは計上基準が異なっています。

なお、キャッシュフロー計算書では受取手形の割引も、売上債権の回収高（資金の回収高）に含めて考えます。

原材料または商品の仕入れによる支出以下の支出も同様に、損益計算書の当期商品仕入高とは異なり、現金主義での支出額です。

　このように営業活動によるキャッシュフローの区分は、直接法により表示する場合には損益計算書を現金主義で作成したものとおおよそ一致します。

　ただし前述のように土地や有価証券の売却によるキャッシュフローは、投資活動によるキャッシュフローの部に記載されますので、注意してください。

　これ以外にも受取利息・受取配当金は営業活動によるキャッシュフローの区分に記載する方法にかえて投資活動によるキャッシュフローの区分に、支払利息は営業活動によるキャッシュフローの区分に記載する方法にかえて財務活動によるキャッシュフローの区分に記載することができます。

　なお、支払配当金はいずれの場合でも財務活動によるキャッシュフローの区分に表示します。

　次に間接法により表示する場合の内容を確認しておきましょう。

　間接法では単体の損益計算書の場合は税引前当期純利益（連結の場合は税金等調整前当期純利益）からのさまざまな調整により、営業活動によるキャッシュフローを導いていきます。

　まず減価償却費、貸倒引当金やその他の引当金の増加額は、これらが伝票を起こすだけの支出を伴わない費用であるにもかかわらず、損益計算を行うなかで費用としてマイナスされてい

るので、それを取り消すために税引前当期純利益にプラスします。

　よく誤解されているケースがあるのですが、**減価償却費等はそれらを計上しても、節税効果を除いてはキャッシュフローを増やすことはありません。**

　減価償却を行っても費用が計上されるだけで支出はないことから、キャッシュフローの計算上、減価償却費を取り消しているにすぎません。

　つまり減価償却費の大小に関係なく、極端な話では減価償却を行っても行わなくても、税金に与える影響を除けばキャッシュフローには影響はないわけです。

　減価償却費を計上する前の利益を**償却前利益**というのですが、間接法ではこれを計算しているのです。

　この償却前利益は金融機関の専門用語で**「いわゆるキャッシュフロー」**と呼ばれており、設備投資・投融資の原資や長期借入金の返済原資として、実務上用いられています。

　引当金繰入額も減価償却費と同様に、支出を伴わない費用であるため、損益計算上の費用を取り消す意味で、足し戻しを行います。

　減価償却費と同様に、**引当金を繰り入れるとキャッシュフローが増加するという意味ではありません**ので、注意してください。

　受取利息および受取配当金と支払利息は損益計算書において計上された発生額をいったん取り消したうえで、小計のもとに

おいて再度現金主義で実際の受取額と支払額で計上し直します。

有価証券売却益をマイナスしているのは、ここで取り消したうえで、投資活動によるキャッシュフローの部で有価証券売却収入として計上するためです。

有形固定資産の売却や投資有価証券の売却がある場合も、売却損益を取り消したうえで、投資活動によるキャッシュフローの部で売却収入を計上します。

また、有形固定資産除却損は、減価償却費と同様に支出を伴わない費用であることから取り消しています。

売上債権の増加額は回収が遅れているため資金にとってマイナス、棚卸資産増加額も資金が滞留しているためマイナスとなりますが、仕入債務の増加額は支払が遅れているため、資金にとってはプラスとなります。

その他の流動資産の増加額は、売上債権の増加額と同様に回収が遅れているため資金にとってマイナス、その他の流動負債・固定負債の増加額は支払が遅れているため、資金にとってはプラスです。

ここで小計の額が表示されますが、**この小計は、ほぼ損益計算書の営業利益を現金主義で表示した額に相当しています。**

この小計の額と損益計算書の営業利益を比較することで、事業活動に無理がなかったかどうかを推定することができます。

また、連結損益計算書における持分法による投資損益など、決算整理において計上した損益があれば、これも伝票を起こす

だけの損益であるために取り消します。

　換言すれば、**伝票上だけの観念的な損益を取り消して、キャッシュの裏付けのある損益に直すわけです。**

　また、決算支出のなかでも法人税等はこれも現金主義での支払額を記載します。

② 投資活動によるキャッシュフロー

　投資活動によるキャッシュフローの区分は、将来の利益獲得や資金の運用のためにどの程度の資金を支出し、回収したかを示すものです。

　この区分には、具体的には以下のものを記載します。

---

a　有形固定資産および無形固定資産の取得と売却
b　資金の貸付と回収
c　資金の範囲に含まれない有価証券および投資有価証券の取得と売却

資産の取得と資金の貸付は資金の減少を意味しますのでマイナス、資産の売却と資金の回収は資金の増加を意味しますので、プラスとなります。

　資産を売却した場合は、この区分では損益計算書に記載された売却損益ではなく、売却収入が記載される点に注意してください。

　これは、資金は売却益部分ではなく、売却収入全体について増加するからです。

なお有価証券の取得と売却が行われた場合には、原則として相殺せずにそれぞれ総額で表示しますが、例外的に期間が短く、かつ回転が速い場合には純額表示も容認されています。

③ **財務活動によるキャッシュフロー**

財務活動によるキャッシュフローの区分は、営業活動および投資活動を維持するためにどの程度の資金が調達または返済されたかを示すものです。

この区分には、具体的には以下のものを記載します。

---

a 借入れおよび株式または社債の発行による資金の調達
b 借入金の返済および社債の償還等
c 配当金の支払

---

aは資金が増加するためプラス、bとcは資金が減少するためマイナスとなります。

なお、この区分においても総額での表示が原則です。

このため借入金の借換えが行われた場合には、原則として借入金の返済と新たな資金調達の両方を記載するのですが、短期間に連続して借換えが行われた場合には純額での表示も容認されています。

④ フリーキャッシュフロー

キャッシュフロー計算書において、**フリーキャッシュフロー**と呼ばれるものは、最も簡便的には以下のように計算することができます。

> フリーキャッシュフロー
> =営業活動によるキャッシュフロー
> －投資活動によるキャッシュフロー

　フリーキャッシュフローがプラスであれば、投資をまかなうだけの営業活動によるキャッシュフローがあることになり、財務活動により新たに資金調達する必要はないことになります。

　しかしフリーキャッシュフローがマイナスの場合に、一概に不健全と即断することはできません。

　急成長している会社や他社との差別化を積極的に行っている会社では、一時的にフリーキャッシュフローをマイナスにして、たとえば借入金等での資金調達を行い、将来の回収を図っているケースもあるからです。

　したがってその企業の事業がどのステージにあるかを十分に見極めたうえで、プラス・マイナスの良否の判定を行う必要があります。

　また、フリーキャッシュフローを以下のように定義する考え方もあります。

> フリーキャッシュフロー
> ＝営業利益×（1－法人税率）＋減価償却費
> 　－（設備投資＋運転資本増加額）

営業利益に（1 - 法人税率）を掛けているのは、理論上の法人税額をマイナスするためであり、減価償却費をプラスしているのは、これが支出を伴わない費用であることから足し戻しをしているためです。

設備投資に加えて正味運転資本増加分をマイナスしているのは、新規設備投資により生産能力が増大すると売上高がふえ、それに伴って売上債権や棚卸資産および仕入債務も増加すると考えられるからです。

(3) 運転資金（運転資本）とキャッシュフロー

キャッシュフロー計算書では、間接法による営業活動によるキャッシュフローの計算上、運転資金（運転資本）の増減を調整していますが、具体的にどのように調整しているのかをみておきましょう。

① **売上債権**について

売上収益を計上しても、その対価である売上債権は資金である現金および現金同等物に該当しないため、いまだ資金化していない状態です。

したがって売上債権を計上しても、キャッシュの増加は認識できません。

一方で営業活動によるキャッシュフローは利益から計算をスタートさせていますが、損益計算書では利益を計算する際に、売上高は計上ずみとなっています。

したがって売上高のうち、当期末にいまだ資金回収されてい

ない売上債権の部分をマイナスする必要があります。

逆に前期末の売上債権は当期中に回収されたと考えると、結果的には**売上債権の前期比増加分について、キャッシュフローの計算上マイナスする**ことになります。

② 棚卸資産（在庫）について

棚卸資産は、仕入れは行ってもいまだ売上原価として損益計算書に費用として計上されていない状態です。

仕入代金がすぐに支出されているとすると、棚卸資産相当額は支出が行われていながら損益計算書では売上原価となっておらず費用として計上されていないことになり、これも売上債権と同じようにキャッシュフローの計算上はマイナス修正が必要です。

営業活動によるキャッシュフローは利益から計算をスタートさせましたから、売上債権と同様に**棚卸資産についても前期比増加分をキャッシュフローの計算上マイナスする**ことになります。

③ **仕入債務について**

棚卸資産を考える際に、仕入代金はすぐに支出されたと仮定しましたが、実際には仕入債務として計上するために、仕入れから支出までの間に時間的なズレがあります。

仕入れた商品がすぐに売れたとすると、売上原価としてそのまま費用に計上されますが、仕入債務が存在する間は支出がいまだ行われていないことになります。

したがって営業活動によるキャッシュフローの計算上は、売

上原価という費用を取り消すことになり、売上債権や棚卸資産とは逆に**仕入債務の前期比増加分を利益にプラスする**ことになります。

　それでは、仕入債務はふやせばふやすほどよいということになるのでしょうか。

　実際に大企業のなかには仕入れた商品の検収期間を長くすることで、実質的に支払を繰り延べている企業もあります。

　また、一般的に小売業は売上債権が少なく仕入債務が多いために、棚卸資産を考慮しても運転資本がマイナスとなるケース（すなわち売上債権＋棚卸資産＜仕入債務となるケース）があります。

　なお、業界用語でこのマイナスの運転資金のことを**回転差資金**と呼んでいます。

　この場合には、マイナスの運転資本相当額だけキャッシュフローにとってはプラスとなり、一見すると非常によい状態のようにみえます。

　しかしながら、自社の仕入債務は仕入先の売上債権であることを忘れてはなりません。

　つまり仕入債務の支払の繰延べは仕入先のキャッシュフローを圧迫することになります。

　したがって資金に問題ない優良会社では意図的に仕入債務を圧縮する、すなわち早期の支払を行うことで仕入先を資金援助しているケースもあります。

　結果的にこれにより仕入値が下がることでコストダウンにつ

ながり、自社の利益を増加させ、これを通じてより多くのキャッシュフローを生み出すことができるからです。

さらに、この回転差資金の利用については大きな注意事項があります。

それは、**回転差資金を設備投資や投融資などの固定資産投資に向けるべきではない**ということです。

回転差資金は短期資金の資金余剰であるため、これを長期資金として運用することは資金バランスを崩してしまいます。

かつて隆盛を誇った大手スーパーの経営が悪化したのは、この資金を新たな店舗開発に利用してしまい、資金バランスが悪化したためです。

逆に長期資金の資金余剰（P106の**償却前利益、いわゆるキャッシュフロー**）が生じた場合には、短期資金で運用してもかまいません。

長期資金の資金余剰は、何に使っても自由だからです。

(4) キャッシュフロー計算書の見方のポイント

それでは今度はキャッシュフロー計算書の見方についてみてみましょう。

① 営業活動によるキャッシュフロー

営業活動によるキャッシュフローは、まずプラスかマイナスかをみる必要があります。

当然ながらマイナスよりはプラスのほうが好ましく、プラスの金額が大きいほど競争力の強い会社であるといえます。

一方で製品のライフサイクルが非常に早い会社や、研究開発に多額の費用がかかる事業を営む会社の場合には、一時的にマイナスとなることもあるため即断はできません。
　しかし、**マイナスの状態が何年も続いているようであれば、経営上の問題は根深いものがあるといえるでしょう。**
　ただし実務上は表面的な分析だけではなく、実態を見抜く目が必要となります。
　たとえば仕入債務の支払遅延によって営業活動によるキャッシュフローがプラスになっていることがありますが、これは決して好ましい状態ではありません。
　また、事業の急成長時には一時的に売上債権や棚卸資産が急増し、それがキャッシュフローを圧迫することがあります。
　要するに一時的なプラス・マイナスやその金額にとらわれずに、長期的な視点で分析することがポイントになります。
② 投資活動によるキャッシュフロー
　投資活動によるキャッシュフローをみることで、何にどのくらい投資し、回収しているのかが判明します。
　特に長期的に投資活動によるキャッシュフローのマイナスが、営業活動によるキャッシュフローのプラスを大幅に超えている場合には、倒産の危機に直面することが考えられます。
③ 財務活動によるキャッシュフロー
　財務活動によるキャッシュフローは、まずプラスかマイナスかをみなければなりません。
　この区分のプラスは、新たな資金調達を意味しています。

一方マイナスは資金返済を行っており、期首の資金を取り崩したか、他の区分での資金余剰があったことを意味しています。

新たに資金調達を行っている場合には、それが短期・長期の借入れ、社債、増資のどれによっているかを分析する必要があります。

また、**この区分がマイナスの場合には有利子負債の返済、自社株買い、あるいは配当など、資金が何に使用されたかをみることで、経営者が何を優先させているかがわかります。**

④ 他の財務諸表との関係

a 貸借対照表との関係

間接法によるキャッシュフロー計算書は、貸借対照表と密接な関係にあります。

たとえば、**営業活動によるキャッシュフローの区分では正味運転資本の増減が調整されます。**

これは具体的には、期首と期末の貸借対照表の（短期貸付金を除く）流動資産と（短期借入金を除く）流動負債の増減がそこに記載されます。

また、投資活動によるキャッシュフローの区分では設備投資やその売却収入が記載されますが、設備投資額は貸借対照表では有形固定資産の増加として、売却の場合はその時点の簿価の減少として処理されています。

さらに、財務活動によるキャッシュフローの区分では、借入れによる収入やその返済による支出が記載されますが、これも

期首から期末にかけての借入金の増減を表しています。

　要するに間接法による**キャッシュフロー計算書は、資金の範囲に含められた項目以外の貸借対照表項目の増減を表示している**と考えられるわけです（ただし固定資産の交換取引等、資金の増減がない取引を除きます）。

　b　損益計算書との関係

　次に損益計算書とキャッシュフロー計算書との関係について考えてみましょう。

　損益計算書は基本的には発生主義に基づいて作成されていますが、キャッシュフロー計算書は現金主義に基づいて作成されます。

　このため、特に営業活動によるキャッシュフローの部において、両者の相違が明らかになります。

　たとえば損益計算書の**売上高**は実現主義の原則に従って引渡しの時点で（代金が未回収であっても）計上しますが、キャッシュフロー計算書では売上債権の回収によりはじめて**営業収入**を計上します。

　したがって、両者はその認識のタイミングが異なるものとして理解することができます。

　また、キャッシュフロー計算書は投資活動や財務活動をも網羅しているために、損益計算書よりもその対象範囲が広いものとなっています。

　これによりキャッシュフロー計算書では損益計算書ではとらえきれない投資やその回収、借入れやその返済等もその対象と

することができ、結果的に貸借対照表上の資金の増減をすべて明らかにすることができるわけです。

コラム⑩

キャッシュフローと新しい会計基準の関係

ここではキャッシュフローと新しい会計基準(金融商品の時価会計、減損会計、退職給付会計および税効果会計など)の関係をみていきましょう。

新しい会計基準のほとんどは、決算整理においてどのような会計処理(仕訳)を行うかという概念的なものです。

つまり想像上の世界であり、これはこのように考えましょうという約束事についての話です。

したがって、どのような会計処理(仕訳)を行ってもキャッシュフローには影響を与えません。

たとえば減損会計で多額の減損損失を計上しても、キャッシュが出ていくわけではありませんし、税効果会計で多額の繰延税金資産を計上しても、税金が戻るわけではありません。

このため間接法によるキャッシュフロー計算書では、基本的にこれらの新しい会計の適用を取り消すような修正を行います。

金融機関の与信判断上は、もちろん利益は大事なのですが、利益は主観的なものであり、経営者がその額を決める余地が多分にあります。

さらに会計が複雑になればなるほど、その傾向が強くなります。

利益よりも客観性の高いキャッシュフローに着目するべき時期が来ているといえるでしょう。

コラム⑪

キャッシュフロー計算書について

　キャッシュフロー計算書では、三つの区分である営業活動によるキャッシュフロー、投資活動によるキャッシュフローおよび財務活動によるキャッシュフローの合計金額が、会社全体の現金および現金同等物の増加額と一致し、さらにこれは現金および現金同等物の期首残高と期末残高の差額と合致します。

　したがって、本来は１円の誤差もなく作成されるはずなのですが、実務では、たとえば為替換算差額などの各種の計算差額が影響を及ぼし、わずかながらも誤差が生じるケースがほとんどです。

　この場合は仕方なく「その他の収入」や「その他の支出」により誤差を調整するのですが、その金額があまりにも大きい場合には、また別の理由が考えられます。

　粉飾決算や不正があった場合には、この誤差が異様に多額になることが多く、これを隠すために「その他の〜」が利用されます。

　こういった場合の「その他の〜」については、特に注意が必要です。

　実務では「雑〜」勘定や「その他の〜」は、金額が小さいというよりも、内容を隠すために利用されるのが一般的だからです。

(5) 事例研究

ここでは問題のある会社や倒産した会社のキャッシュフロー計算書を研究することで、経営難に至るシグナルがどこに表れているかを探ってみましょう。

① ㈱東芝

㈱東芝の不適切会計（粉飾決算）は新聞を連日賑わすほど知れ渡っていますが、ここではさまざまな手法のうち**バイセル取引による利益の捻出**と**工事進行基準を使った利益操作、工事損失引当金の計上不足**、および「**のれんの重複計上（二重計上）**」をみてみましょう。

バイセル取引とは、部品の有償支給取引であり、取引自体は製造業では一般的なもので違法ではありません。

たとえば、液晶などのパソコンの部品を㈱東芝が調達し、調達価額に一定の金額を上乗せした金額（元の仕入原価を隠すためマスキング価額といわれています）で外注先に有償支給します。

その際に利益相当額を製造原価のマイナスで処理（つまり、ここで利益を計上）していたのですが、最終的に㈱東芝が買い戻した際には製造原価を復活させていました（つまり、ここで利益を取消し）。

一連の取引の流れを仕訳で示すと以下のようになります。

　a　部品の購入時
（借）部　品　100　　（貸）買掛金　100

b　外注先への販売時

（借）売掛金　500　　　（貸）部　品　100

　　　　　　　　　　　　　　製造原価400←ここで利益を計上

製造原価は費用ですので、これを減額することで利益が増えます。

c　完成品の買戻し時

（借）完成品　150　　　（貸）売掛金　500
　　　製造原価400　　　　　　買掛金　 50

ここで製造原価を復活させて、上記bの利益を取り消します。

一連の取引がすべて完了すれば、製造原価の減少を通じた利益の計上は取り消されており、特に問題はありません。

しかし、決算期末直前に「b　外注先への販売」を行い、そのまま決算を迎えた場合には部品在庫が売掛金に変わり、製造原価の減少を通じて未実現利益が計上されています。

これが未実現利益である理由は、グループ内の内部取引であり、これを通じて㈱東芝は意図的にいくらでも利益を計上できる性格をもっているからです。

㈱東芝では、この未実現利益が数百億円に達していました。

部品の有償支給は一種の買戻し条件付売上げであるため、取引分類ではUターン取引に属します。

これにより費用の過小計上と資産の過大計上が行われ、利益と純資産が過大に計上されていたのです。

一方、工事進行基準による売上高の計上は、以下の算式に基

づきます。

> 売上高＝工事収益総額×工事進捗度－過年度計上売上高
> 工事進捗度＝累計工事原価発生額×工事原価総額

㈱東芝で実際にあった処理方法は、予想外の追加工事の発生により工事原価総額が増加し、工事進捗度が低下した場合に、売上高の減少を認識するべきものを計上しておらず、その分だけ売上高を過大に計上するものです。

このため、収益の過大計上による利益の過大計上となっています。

その際に完成工事未収入金（工事業における売掛金）を過大計上しているため、資産の過大計上による純資産の過大計上にもなっています。

さらに㈱東芝では、計上するべき工事損失引当金の計上不足も発生していました。

受注の段階で工事収益総額よりも工事原価総額のほうが多い場合や、工事進行の途中で工事が赤字であることが判明した場合には、会計上は損失の見込額について工事損失を費用として認識し、工事損失引当金を負債に計上しなければなりません。

法人税法とは異なり、会計基準上はこの引当金の計上は強制になっています。

㈱東芝では戦略的受注案件として、将来の受注拡大のための赤字工事については、この引当金の計上をしていませんでした

が、これは会計基準に違反した完全に違法な粉飾決算です。

この場合は、費用の過小計上であると同時に負債の過小計上になっています。

これにより利益と純資産は、共に過大計上されていました。

ここで㈱東芝のキャッシュフロー計算書（2016年度、P127参照）の営業活動によるキャッシュフローの部では、損益計算上生じた1兆円を超える損失からスタートして、1,341億円の営業活動によるキャッシュフローの黒字を計算していますが、キャッシュフローが多額のマイナスから黒字転換した最大要因は、「のれんの償却」7,485億円についてこれが「支出を伴わない費用」であることから、その足し戻し計算を行っているためです。

これ以外の「その他」3,663億円の足し戻しの内容が不明な点も気になるところですが、好調であるメモリー部門の収益力がこの期のキャッシュフローの下支えをしています。

しかし今後、メモリー部門を分社化し、売却した後はその収益力の柱がなくなることになります。

債務超過転落を防止するためとはいえ、メモリー部門の売却後の事業展開がどうなるのか、予断を許しません。

大企業であってもコアの事業を失った会社が生き残るのは、きわめて厳しい状況であるように思います。

最後の「のれんの重複計上（二重計上）」とは、多額ののれんをもつ会社を買収する際に、さらにのれんを上乗せして計上しているケースです。

㈱東芝の場合は資産内容として約2,000億円ののれんをもつウェスティングハウス社の買収に際して、さらに約4,000億円ののれんを計上していました。

　つまり、のれんを約2,000億円計上している会社の純資産に、さらに約4,000億円ののれんの上乗せをして買収していたわけです。

　さらに、㈱東芝は米国会計基準を採用しているため、のれんは償却していません（なお、この場合、時価が著しく下落したときには減損会計の適用があります。一方、日本基準では20年以内の一定期間での償却が必要です）。

　のれんは買い取った会社の超過収益力（平均的な会社よりも多額の利益をあげる力）を表しているはずなのですが、その後の経緯をみるとウェスティングハウス社の超過収益力はむしろマイナスです。

　また、その後の㈱東芝の所有するのれんの金額は2014年には1兆円を超えており、粉飾の凄まじさがうかがい知れます。

　これは同様に、多額ののれんを資産計上していたジャイラス社を子会社化するに際して、さらに多額ののれんの重複計上をしていた㈱オリンパスの姿にダブります。

　なお、この㈱オリンパスのケースは完全な仮装取引であり、初めからのれんに実態はなかったことが判明しています。

　このような重複したのれんは資産価値がないどころか、その後の追加費用の発生を考慮すると、マイナスの価値しかないよいように思います。

経営陣の粉飾に対する強烈な意気込みが、ほとんど理屈の通らない、のれんを用いた粉飾決算を招いた点について、中小企業経営者の決算（特に金融機関向けの決算）に対する姿勢と共通しているように感じるのは筆者だけでしょうか。

㈱東芝・連結キャッシュフロー計算書

区　分	平成27年度 （自　平成27年4月1日 至　平成28年3月31日） 金額（百万円）		平成28年度 （自　平成28年4月1日 至　平成29年3月31日） 金額（百万円）	
I 営業活動によるキャッシュフロー				
1 非支配持分控除前当期純損失		▲516,035		▲1,160,201
2 営業活動により増加（▲減少）したキャッシュ（純額）への調整				
(1) 有形固定資産の減価償却費および無形資産の償却費	213,869		162,975	
(2) 未払退職および年金費用（退職金支払額差引後）	▲44,413		19,237	
(3) 繰延税金	345,770		13,537	
(4) 持分法による投資損益（受取配当金相殺後）	33,778		2,963	
(5) 有形固定資産および無形資産の除売却損益および減損、純額	181,279		139,117	
(6) のれんの減損	294,972		748,554	
(7) 有価証券の売却損益および評価損、純額	▲781,807		▲96,262	
(8) 受取債権の減少	157,576		17,419	
(9) 棚卸資産の減少	167,432		31,563	
(10) 支払債務の減少	▲271,785		▲26,594	
(11) 未払法人税等およびその他の未払税金の増加	48,573		▲23,197	
(12) 前受金の増加（▲減少）	130,335		▲61,292	
(13) その他	39,226	514,805	366,344	1,294,364
営業活動により増加（▲減少）したキャッシュ（純額）		▲1,230		134,163
II 投資活動によるキャッシュフロー				

1	有形固定資産および無形資産の売却収入	49,409	40,502
2	投資有価証券の売却収入	157,197	11,587
3	有形固定資産の購入	▲242,019	▲158,756
4	無形資産の購入	▲49,446	▲21,979
5	投資有価証券の購入	▲1,410	▲1,265
6	関連会社に対する投資等の（▲増加）減少	104,493	▲27,753
7	東芝メディカルシステムズ㈱の株式売却による収入	638,442	—
8	その他	▲3,224	▲21,265
	投資活動により増加（▲減少）したキャッシュ（純額）	653,442	▲178,929
III	財務活動によるキャッシュ・フロー		
1	長期借入金の借入れ	3,106	45,870
2	長期借入金の返済	▲215,076	▲218,366
3	短期借入金の増加（▲減少）	391,363	▲37,421
4	配当金の支払	▲31,848	▲12,754
5	自己株式の取得、純額	▲66	▲58
6	その他	▲11,732	2,971
	財務活動により増加（▲減少）したキャッシュ（純額）	135,747	▲219,758
IV	為替変動の現金および現金同等物への影響額	▲11,796	▲3,312
V	現金および現金同等物純増加（▲減少）額	776,163	▲267,836
VI	現金および現金同等物期首残高	199,366	975,529
VII	現金および現金同等物期末残高	975,529	707,693
VIII	非継続事業における現金および現金同等物期末残高（控除）	30,420	—
IX	継続事業における現金および現金同等物期末残高	945,109	707,693

補足情報

年間支払額		
利息	22,779	21,248
法人税等	77,466	103,914
東芝メディカルシステムズ㈱の株式売却		
売却時の資産（現金同等物控除後）	245,887	—
売却時の負債	198,303	—

(株)東芝・主要な経営指標等の推移

回　　次		第174期	第175期	第176期	第177期	第178期
決算年月		平成25年3月	平成26年3月	平成27年3月	平成28年3月	平成29年3月
売上高	(百万円)	4,786,059	5,527,449	5,699,055	5,154,838	4,870,773
営業利益（▲損失）	(百万円)	60,022	261,362	166,207	▲483,010	270,788
継続事業からの税金等調整前当期純利益（▲損失）	(百万円)	43,528	191,712	140,354	▲399,361	225,531
当社株主に帰属する当期純利益（▲損失）	(百万円)	13,425	60,240	▲37,825	▲460,013	▲965,663
当社株主に帰属する包括利益（▲損失）	(百万円)	179,852	236,392	90,638	▲752,518	▲844,585
株主資本	(百万円)	824,584	1,027,189	1,083,996	328,874	▲552,947
純資産額	(百万円)	1,205,823	1,445,994	1,565,357	672,258	▲275,704
総資産額	(百万円)	6,021,603	6,172,519	6,334,778	5,433,341	4,269,513
1株当り株主資本	(円)	194.72	242.58	256.01	77.67	▲130.60
基本的1株当り当社株主に帰属する当期純利益（▲損失）	(円)	3.17	14.23	▲8.93	▲108.64	▲228.08
希薄化後1株当り当社株主に帰属する当期純利益	(円)	—	—	—	—	—

株主資本比率	(％)	13.7	16.6	17.1	6.1	▲13.0
株主資本利益率	(％)	1.7	6.5	▲3.6	▲65.1	—
株価収益率	(倍)	148.89	30.72	—	—	—
営業活動によるキャッシュフロー	(百万円)	132,316	281,132	330,442	▲1,230	134,163
投資活動によるキャッシュフロー	(百万円)	▲196,347	▲244,101	▲190,130	653,442	▲178,929
財務活動によるキャッシュフロー	(百万円)	41,772	▲89,309	▲125,795	135,747	▲219,758
現金および現金同等物の期末残高	(百万円)	191,161	155,793	185,721	975,529	707,693
従業員数	(人)	206,087	200,260	198,741	187,809	153,492

(注1) 当社の連結財務諸表は、米国において一般に公正妥当と認められた企業会計の基準に基づいて作成されています。
(注2) ウェスチングハウス社等における原子力事業は、Accounting Standards Codification（以下「ASC」という）205-20「財務諸表の表示―非継続事業」（以下「ASC 205-20」という）に従い、第178期において非継続事業となったため、第177期以前の数値の一部を組み替えて表示しています。
(注3) ヘルスケア事業および家庭電器事業は、ASC 205-20に従い、第177期において非継続事業となったため、第176期以前の数値の一部を組み替えて表示しています。
(注4) 売上高には、消費税等は含まれていません。
(注5) 営業利益（▲損失）は、売上高から売上原価、販売費および一般管理費並びにのれん減損損失を控除して算出したもので、経営資源の配分の決定および業績の検討のため、定期的に評価を行う対象となる損益を示しています。一部の事業構造改革費用および訴訟和解費用等は、当社グループの営業利益（▲損失）には含まれていません。
(注6) 純資産額は、連結貸借対照表の資本合計（株主資本および非支配持分の合計）を表示しています。
(注7) 1株当り株主資本および株主資本利益率の計算にあたっては、連結貸借対照表の株主資本を使用しています。

(注8) 基本的１株当り当社株主に帰属する当期純利益（▲損失）は、期中の加重平均発行済普通株式数に基づいて計算されています。希薄化後１株当り当社株主に帰属する当期純利益は、逆希薄化効果のある場合を除き、転換社債型新株予約権付社債の普通株式への転換または新株予約権の行使により普通株式が発行されることになった場合に生じる希薄化効果を前提として計算されています。

(注9) 希薄化後１株当り当社株主に帰属する当期純利益は、希薄化効果を有する潜在株式が存在しないため記載していません。

(注10) 第178期の株主資本利益率は、▲1000％を超えているため記載していません。

(注11) 第176期、第177期および第178期の株価収益率は、当社株主に帰属する当期純損失であるため記載していません。

(注12) 従業員数は、正規従業員および期間の定めのある雇用契約に基づく労働者のうち１年以上働いているまたは働くことが見込まれる従業員の合計数です。

132

(株)東芝・連結貸借対照表

区　分	注記番号	平成27年度 (平成28年3月31日現在)		構成比 (％)	平成28年度 (平成29年3月31日現在)		構成比 (％)
		金額（百万円）			金額（百万円）		
(資産の部)							
I　流動資産							
1　現金および現金同等物			945,109			707,693	
2　受取手形および売掛金							
(1) 受取手形	7	33,226			41,431		
(2) 売掛金	7	1,079,356			1,106,449		
(3) 貸倒引当金		▲32,117	1,080,465		▲25,644	1,122,236	
3　棚卸資産	8		662,913			624,321	
4　短期繰延税金資産	17		42,366			21,156	
5　未収入金	7		107,669			89,895	
6　前払費用およびその他の流動資産	20		175,528			170,992	
7　非継続事業流動資産	4		814,508			―	
流動資産合計			3,828,558	70.5		2,736,293	64.1
II　長期債権および投資							
1　長期受取債権	7		10,039			15,272	
2　関連会社に対する投資および貸付金	5および9		266,554			293,705	
3　投資有価証券およびその他の投資	5および6		147,016			92,696	
長期債権および投資合計			423,609	7.8		401,673	9.4

Ⅲ 有形固定資産	5、16 および21				
1 土地			87,624		73,947
2 建物および構築物			847,923		889,495
3 機械装置およびその他の有形固定資産			1,739,679		1,726,471
4 建設仮勘定			44,963		21,796
			2,720,189		2,711,709
5 減価償却累計額			▲2,039,693		▲2,053,833
有形固定資産合計			680,496	12.5	657,876	15.4
Ⅳ その他の資産					
1 のれんおよびその他の無形資産	5、10 および16		391,553		361,569
2 長期繰延税金資産	17		28,132		32,591
3 その他			80,993		79,511
その他の資産合計			500,678	9.2	473,671	11.1
資産合計			5,433,341	100.0	4,269,513	100.0
(負債の部)					
Ⅰ 流動負債					
1 短期借入金	1、11 および20		410,983		357,551
2 1年以内に期限の到来する社債および長期借入金	1、11 および20		208,431		328,074
3 支払手形および買掛金			808,940		730,900

134

4 未払金および未払費用	24, 25おょび26	520,507		416,916	
5 未払法人税等おょび その他の未払税金		108,303		84,072	
6 前受金		243,027		320,762	
7 短期繰延税金負債	17	5,990		6,805	
8 債務保証損失引当金(短期)	4	—		143,761	
9 その他の流動負債	5, 17, 20, 23および24	329,127		329,562	
10 非継続事業流動負債	4	589,704		—	
流動負債合計		3,225,012	59.3	2,718,403	63.7
II 固定負債					
1 社債および長期借入金	11および20	822,120		518,171	
2 未払退職および年金費用	12	559,256		531,164	
3 長期繰延税金負債	17	59,643		73,293	
4 債務保証損失引当金(長期)	4	—		543,897	
5 その他の固定負債	5, 17, 20, 23, 24, 26および27	95,052		160,289	
固定負債合計		1,536,071	28.3	1,826,814	42.8
負債合計		4,761,083	87.6	4,545,217	106.5
(資本の部)					
I 株主資本					
1 資本金	18				
発行可能株式総数					

発行済株式数	10,000,000,000株			
平成28年および平成29年3月31日	4,237,602,026株	439,901	8.1	200,000	4.7
2 資本剰余金		399,470	7.4	140,144	3.3
3 利益剰余金		▲76,782	▲1.4	▲580,396	▲13.6
4 その他の包括損失累計額		▲431,828	▲8.0	▲310,750	▲7.3
5 自己株式（取得原価）					
平成28年3月31日	3,584,162株	▲1,887	▲0.0		
平成29年3月31日	3,793,341株			▲1,945	▲0.1
株主資本合計		328,874	6.1	▲552,947	▲13.0
II 非支配持分		343,384	6.3	277,243	6.5
資本合計		672,258	12.4	▲275,704	▲6.5
契約債務および偶発債務	22, 23 および24				
負債および資本合計		5,433,341	100.0	4,269,513	100.0

㈱東芝・連結損益計算書

区　分	注記番号	平成27年度 (自 平成27年4月1日 至 平成28年3月31日)		平成28年度 (自 平成28年4月1日 至 平成29年3月31日)	
		金額 (百万円)	百分比 (％)	金額 (百万円)	百分比 (％)
I 売上高およびその他の収益					
1 売上高		5,154,838	100.0	4,870,773	100.0
2 受取利息および配当金		8,692	0.2	7,143	0.1
3 持分法による投資利益	5および9	—	—	7,854	0.2
4 その他の収益	5、6、15 および20	227,448	4.4	73,307	1.5
		5,390,978	104.6	4,959,077	101.8
II 売上原価および費用					
1 売上原価	5、10、13、16、 21、25および26	4,403,323	85.4	3,576,520	73.4
2 販売費および一般管理費	10、13、14、25 および26	1,187,153	23.0	1,006,551	20.7
3 のれん減損損失	5および10	47,372	0.9	16,914	0.4
4 支払利息		17,874	0.4	16,378	0.3
5 持分法による投資損失	5および9	23,223	0.5	—	—
6 その他の費用	5、6、7、15、 20、24および25	111,394	2.1	117,183	2.4

III 継続事業からの税金等調整前当期純利益（▲損失）		5,790,339	112.3	4,733,546	97.2
IV 法人税等	17	▲399,361	▲7.7	225.531	4.6
1 当年度分		70,632	1.4	72.224	1.5
2 繰延税金		175,779	3.4	33.408	0.6
		246,411	4.8	105.632	2.1
V 継続事業からの非支配持分控除前当期純利益（▲損失）		▲645,772	▲12.5	119.899	2.5
VI 非継続事業からの非支配持分控除前当期純利益（▲損失）（税効果後）	4、16および20	129,737	2.5	▲1,280.100	▲26.3
VII 非支配持分控除前当期純損失		▲516,035	▲10.0	▲1.160,201	▲23.8
VIII 非支配持分に帰属する当期純損益（控除）		▲56,022	▲1.1	▲194.538	▲4.0
IX 当社株主に帰属する当期純損失		460,013	▲8.9	▲965,663	▲19.8
1株当り情報（単位：円）	19				
1 基本的1株当り当社株主に帰属する当期純利益（▲損失）					
継続事業からの当期純利益（▲損失）		▲146.88		43.44	
非継続事業からの当期純利益（▲損失）		38.24		▲271.52	
当期純損失		▲108.64		▲228.08	
2 配当金	18	―		―	

② ㈱アーバンコーポレイション

㈱アーバンコーポレイションは平成2年5月に設立された東証1部上場企業です。

倒産直前期の連結売上高は2,436億円、従業員数342名、資本金265億円の大企業でしたが、平成20年8月13日に民事再生法の申請を行い、倒産しました。

倒産直前期の税金等調整前当期純利益は連結ベースで614億円とかなり多額であり、これだけの利益をあげた会社が決算から1年ももたずに倒産したことで、関係者に衝撃が走りました。

キャッシュフロー計算書には、黒字倒産となった要因が明確に表れています。

それは、倒産直前の事業年度における税金等調整前当期純利益が614億円であるのに対して、営業活動によるキャッシュフローは▲1,000億円となっている点であり、その主たる要因が棚卸資産の1,380億円の増加であることです。

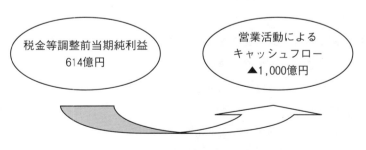

前期も税金等調整前当期純利益を585億円計上している一方で、営業活動によるキャッシュフローは▲550億円となっており、営業活動によるキャッシュフローは経常的に赤字となっています。

　また、有価証券報告書のハイライト情報である『主要な経営指標等の推移』では、営業活動によるキャッシュフローが5期連続でマイナスであり、さらに毎年度そのマイナス幅が拡大していることがわかります。

　売上高や経常利益、当期純利益が順調に増加していても、営業活動によるキャッシュフローが継続的にマイナスであれば、いずれは資金的に行き詰まる様子がみてとれます。

　同社では経営戦略上、不動産の証券化を積極的に進めており、**証券化された不動産は販売用不動産として棚卸資産に計上されていました。**

　倒産直前期には、この棚卸資産の金額は4,377億円に達しており、総資産の73％を占めています。

　この時点で、**棚卸資産回転期間は22カ月（2年弱!!）に達し**ています。

　不動産業は棚卸資産回転期間が長いのが通例とはいえ、この数値は常識をはるかに超えています。

　一方で損益計算書における売上総利益率は、倒産直前期でも40％と高率となっていました。

　不動産の証券化ビジネスを行っている同業他社の一般的な売上総利益率は20％台が通常であり、同社のビジネスモデルがか

なりハイリスクであった可能性が大きいといえます。

さらに決算内容としては、平成20年3月決算まで、滞留している販売用不動産（在庫）についての評価損の計上を行っておらず、この評価損の計上が必要ではなかったか、おおいに疑問の残る決算といえるでしょう。

在庫の評価損計上もれが費用の過小計上を通じて利益の過大計上となり、資産の過大計上を通じて純資産を過大計上する粉飾決算となっていた可能性が大きいわけです。

したがって、表面的な黒字決算は実態としては赤字決算であり、「勘定合って銭足らず」ではなく、内情は「勘定も銭も足らなかった」と思われます。

なお、平成20年6月（第1四半期）決算では、276億円の棚卸資産評価損を計上しています。これは「棚卸資産の評価に関する会計基準」が新たに適用されたことにより、時価の下落がある場合には、それに伴う評価損の計上が強制されたためです。

これにより、会社と金融機関との約束である「財務制限条項」に抵触したことが、倒産の直接の引き金となっています。

㈱アーバンコーポレイション・連結キャッシュフロー計算書

区　分	注記番号	前連結会計年度 （自 平成18年4月1日 至 平成19年3月31日） 金額（百万円）	当連結会計年度 （自 平成19年4月1日 至 平成20年3月31日） 金額（百万円）
I 営業活動によるキャッシュフロー			
1　税金等調整前当期純利益		58,552	61,450
2　減価償却費		1,166	1,768
3　のれん償却額		505	2,082
4　減損損失		—	835
5　賞与引当金の増減（▲）額		203	▲275
6　役員賞与引当金の増減（▲）額		280	330
7　貸倒引当金の増減（▲）額		▲5	319
8　受取利息および受取配当金		▲599	▲601
9　支払利息		5,128	8,128
10　棚卸資産評価損		1,146	—
11　共同事業出資金評価損		1,362	—
12　有形固定資産除売却損益（▲）		168	189
13　投資有価証券評価損		361	581
14　投資有価証券売却損益（▲）		▲5,270	▲3,058
15　売上債権の増（▲）減額		3,298	▲1,489
16　棚卸資産の増（▲）減額		▲99,439	▲138,065
17　未収入金の増（▲）減額		—	2,662

18	預け金の増 (▲) 減額	—		▲5,441
19	仕入債務の増減 (▲) 額	▲1,965		▲1,726
20	未払金の増減 (▲) 額	—		7,268
21	未払消費税等の増減 (▲) 額	375		▲753
22	預り敷金の増減 (▲) 額	—		▲5,494
23	預り金の増減 (▲) 額	—		2,944
24	役員賞与の支払額	▲63		—
25	その他	▲702		5
	小計	▲35,498		▲68,339
26	利息および配当金の受取額	593		605
27	利息の支払額	▲4,663		▲7,820
28	法人税等の支払額	▲15,464		▲24,466
	営業活動によるキャッシュフロー	▲55,033		▲100,019
Ⅱ	投資活動によるキャッシュフロー			
1	定期預金の預入れによる支出	—		▲3,406
2	定期預金の払戻しによる収入	—		312
3	定期預金の純増 (▲) 減額	30		—
4	有形固定資産の取得による支出	▲1,250		▲6,569
5	有形固定資産の売却による収入	21		271
6	投資有価証券の取得による支出	▲6,726		▲1,936
7	投資有価証券の売却による収入	7,905		5,305
8	貸付による支出	▲3,400		▲5,228
9	貸付金の回収による収入	2,285		1,171
10	新規連結子会社取得による支出	▲6,075		▲971

Ⅰ B/S、P/L、C/Fと株主資本等変動計算書

11	連結子会社株式の追加取得による支出		▲68
12	連結子会社株式の売却による収入		20
13	その他	▲81	—
	投資活動によるキャッシュフロー	▲9,063	▲11,100
III	財務活動によるキャッシュフロー		
1	短期借入金純増減（▲）額	44,511	31,041
2	コマーシャルペーパー純増減（▲）額	5,500	▲100
3	長期借入れによる収入	83,649	143,642
4	長期借入金の返済による支出	▲67,561	▲102,548
5	社債の発行による収入	36,314	57,130
6	社債の償還による支出	▲9,843	▲38,524
7	株式の発行による収入	972	155
8	自己株式の取得による支出	▲1	▲0
9	少数株主の増資引受けによる払込額	5,079	8,705
10	少数株主に対する出資金の返還	—	▲4,583
11	配当金の支払額	▲3,356	▲6,741
12	少数株主に対する配当金の支払額	▲12,050	▲5,713
13	金融資産の譲渡による収入	—	6,750
14	その他	▲2	—
	財務活動によるキャッシュフロー	83,210	89,212
IV	現金および現金同等物に係る換算差額	3	283
V	現金および現金同等物の増減（▲）額	19,115	▲21,625
VI	現金および現金同等物の期首残高	27,882	59,973
VII	連結の範囲の変更に伴う現金および現金同等物の増加額	12,975	3,641

| Ⅷ 現金および現金同等物の期末残高 | ※1 | 59,973 | 41,989 |

㈱アーバンコーポレイション・主要な経営指標等の推移

回　　　次		第14期	第15期	第16期	第17期	第18期
決算年月		平成16年3月	平成17年3月	平成18年3月	平成19年3月	平成20年3月
(1) 連結経営指標等						
売上高	(百万円)	51,363	57,033	64,349	180,543	243,685
経常利益	(百万円)	4,812	9,479	10,677	56,398	61,677
当期純利益	(百万円)	2,670	6,455	7,868	30,039	31,127
純資産額	(百万円)	16,685	35,455	66,638	103,111	131,517
総資産額	(百万円)	66,598	120,550	202,990	443,304	602,566
1株当り純資産額	(円)	1,013.73	881.22	297.83	394.95	489.54
1株当り当期純利益	(円)	158.56	170.89	37.70	133.90	138.29
潜在株式調整後1株当り当期純利益	(円)	131.64	166.39	34.54	129.66	132.14
自己資本比率	(％)	25.1	29.4	32.8	20.0	18.3
自己資本利益率	(％)	17.21	24.76	15.42	38.65	31.27
株価収益率	(倍)	10.04	19.90	49.81	12.93	3.07
営業活動によるキャッシュフロー	(百万円)	▲251	▲24,995	▲32,991	▲55,033	▲100,019
投資活動によるキャッシュフロー	(百万円)	▲1,203	▲6,603	1,078	▲9,063	▲11,100
財務活動によるキャッシュフロー	(百万円)	▲2,693	40,233	43,043	83,210	89,212
現金および現金同等物の期末残高	(百万円)	7,974	16,735	27,882	59,973	41,989
従業員数（ほか平均臨時雇用者数）	(名)	578 (473)	605 (680)	851 (897)	1,244 (1,072)	1,544 (1,196)
(2) 提出会社の経営指標等						
売上高	(百万円)	44,518	45,322	48,969	100,696	132,472
経常利益	(百万円)	4,672	8,207	8,172	46,204	55,552

当期純利益	(百万円)	2,564	5,796	6,396	28,385	31,092
資本金	(百万円)	3,669	6,696	18,495	18,996	19,073
発行済株式総数	(株)	16,690,617	40,698,392	226,215,392	226,748,145	227,071,645
純資産額	(百万円)	16,327	34,306	64,063	86,480	107,854
総資産額	(百万円)	61,650	112,074	188,730	278,947	369,583
1株当り純資産額	(円)	991.34	852.17	286.32	384.56	478.92
1株当り配当額	(円)	20.00	20.00	20.00	25.00	25.00
(うち1株当り中間配当額)	(円)	(—)	(5.00)	(10.00)	(5.00)	(10.00)
1株当り当期純利益	(円)	152.16	149.65	30.61	126.53	138.14
潜在株式調整後1株当り当期純利益	(円)	126.34	145.81	28.05	122.53	131.99
自己資本比率	(%)	26.5	30.6	33.9	31.0	29.2
自己資本利益率	(%)	16.83	22.89	13.01	37.71	32.00
株価収益率	(倍)	10.46	22.72	61.35	13.68	3.07
配当性向	(%)	13.1	13.4	39.2	19.8	18.1
従業員数	(名)	219	227	261	293	342

(注1) 売上高には消費税等は含まれておりません。
(注2) 平成17年2月18日付で株式1株を2株に分割しております。なお、第15期の1株当り当期純利益金額は期首に分割が行われたものとして計算しております。
(注3) 平成18年3月1日付で株式1株を5株に分割しております。なお、第16期の1株当り当期純利益金額は期首に分割が行われたものとして計算しております。
(注4) 純資産額の算定にあたり、第17期から「貸借対照表の純資産の部の表示に関する会計基準」(企業会計基準第5号)および「貸借対照表の純資産の部の表示に関する会計基準等の適用指針」(企業会計基準適用指針第8号)を適用しております。
(注5) 第17期から「投資事業組合に対する支配力基準及び影響力基準の適用に関する実務上の取扱い」(実務対応報告第20号)を適用して連結財務諸表を作成しております。

(株)アーバンコーポレイション・連結貸借対照表

区　分	注記番号	前連結会計年度 (平成19年3月31日) 金額(百万円)		構成比(%)	当連結会計年度 (平成20年3月31日) 金額(百万円)		構成比(%)
(資産の部)							
I 流動資産							
1 現金および預金	※1		60,189			45,298	
2 受取手形および売掛金			2,609			2,333	
3 不動産事業有価証券	※1		6,473			3,852	
4 棚卸資産			293,001			437,778	
5 共同事業出資金	※1, 2		18,936			37,358	
6 繰延税金資産			3,793			4,554	
7 その他			13,035			25,816	
貸倒引当金			▲277			▲690	
流動資産合計			397,761	89.7		556,301	92.3
II 固定資産							
1 有形固定資産	※1						
(1) 建物および構築物		10,217			10,824		
減価償却累計額		2,088	8,128		2,755	8,068	
(2) 機械装置および運搬具		1,411			1,384		
減価償却累計額		916	494		705	679	
(3) 土地	※1		7,039			11,025	

(4) 建設仮勘定		907	40		785	
(5) その他		549	358		630	
減価償却累計額						
有形固定資産合計			16,061	3.6	21,190	3.5
2 無形固定資産						
(1) のれん			5,935		4,400	
(2) その他			326		618	
無形固定資産合計			6,262	1.4	5,019	0.8
3 投資その他の資産						
(1) 投資有価証券	※1, 3		15,771		9,439	
(2) 出資金			383		325	
(3) 長期貸付金			3,661		4,194	
(4) 繰延税金資産			103		1,510	
(5) その他	※1		3,522		4,622	
貸倒引当金			▲361		▲268	
投資その他の資産合計			23,079	5.2	19,824	3.3
固定資産合計			45,403	10.2	46,034	7.6
Ⅲ 繰延資産			139	0.1	229	0.1
資産合計			443,304	100	602,566	100.0
(負債の部)						
Ⅰ 流動負債						
1 支払手形および買掛金			7,049		12,689	
2 短期借入金	※1		145,431		172,258	

3	コマーシャルペーパー		7,500		7,400	
4	1年内償還予定社債	※1	15,776		15,086	
5	未払法人税等		12,735		13,569	
6	賞与引当金		494		498	
7	役員賞与引当金		280		330	
8	工事損失引当金		—		210	
9	その他	※1	12,380		26,431	
	流動負債合計		201,646	45.5	248,473	41.2
Ⅱ	固定負債					
1	社債	※1	35,588		33,634	
2	新株予約権付社債	※1	—		27,000	
3	長期借入金		90,179		152,473	
4	繰延税金負債		1,436		558	
5	退職給付引当金		4		—	
6	役員退職慰労引当金		140		97	
7	負ののれん		69		34	
8	その他		11,126		8,776	
	固定負債合計		138,546	31.2	222,575	37.0
	負債合計		340,192	76.7	471,048	78.2
(純資産の部)						
Ⅰ	株主資本					
1	資本金		18,996	4.3	19,073	3.2
2	資本剰余金		21,079	4.8	21,157	3.5

3	利益剰余金		45,922	10.4	70,367	11.7
4	自己株式		▲242	▲0.1	▲243	▲0.1
	株主資本合計		85,755	19.4	110,355	18.3
II	評価・換算差額等					
	1 その他有価証券評価差額金		3,015	0.7	▲297	▲0.1
	2 繰延ヘッジ損益		—	—	▲28	▲0.0
	3 為替換算調整勘定		45	0.0	215	0.1
	評価・換算差額等合計		3,061	0.7	▲109	▲0.0
III	少数株主持分		14,294	3.2	21,271	3.5
	純資産合計		103,111	23.3	131,517	21.8
	負債、純資産合計		443,304	100.0	602,566	100.0

㈱アーバンコーポレイション・連結損益計算書

区　分	注記番号	前連結会計年度 （自 平成18年4月1日 至 平成19年3月31日）			当連結会計年度 （自 平成19年4月1日 至 平成20年3月31日）		
		金額（百万円）		百分比（％）	金額（百万円）		百分比（％）
Ⅰ 売上高			180,543	100.0		243,685	100.0
Ⅱ 売上原価			99,608	55.2		145,750	59.8
売上総利益			80,935	44.8		97,934	40.2
Ⅲ 販売費および一般管理費	※1		19,663	10.9		28,297	11.6
営業利益			61,271	33.9		69,636	28.6
Ⅳ 営業外収益							
1 受取利息		405			210		
2 受取配当金		194			390		
3 負ののれん償却額		81			48		
4 消費税等調整額		—			169		
5 その他		301	982	0.5	742	1,561	0.6
Ⅴ 営業外費用							
1 支払利息		5,128			8,128		
2 社債発行費		155			656		
3 株式交付費		27			—		
4 その他		542	5,854	3.2	736	9,521	3.9
経常利益			56,398	31.2		61,677	25.3

VI 特別利益				3,519		1.4
1 投資有価証券売却益		5,270		3,062		
2 その他		173		457		
VII 特別損失			5,443		3,747	1.5
1 固定資産除却売却損	※2	175		252		
2 投資有価証券評価損	※3	361		581		
3 減損損失		—		835		
4 棚卸資産評価損		1,146		—		
5 共同事業出資金評価損		1,362		—		
6 新株引受権処分損		154		—		
7 のれん一括償却	※4	—		792		
8 関連会社債権放棄損		—		739		
9 その他		90		545		
税金等調整前当期純利益			3,290 1.8		61,450	25.2
法人税、住民税および事業税		18,556	58,552 32.4	25,237	24,191	9.9
法人税等調整額		4,203	22,759 12.6	▲1,046	6,131	2.5
少数株主利益			5,753 3.2			
当期純利益			30,039 16.6		31,127	12.8

③ ㈱ノエル

　㈱ノエルは昭和44年9月に創業、昭和47年に法人化された東証二部上場企業です。

　平成19年8月期の連結売上高は804億円、資本金23億円の企業でしたが、平成20年10月30日に自己破産の申請を行い、倒産しました。㈱ノエルは破産手続開始決定の公表と同時に、監査法人トーマツから平成20年8月決算について監査意見不表明の通知を受けたことを公表しており、その通知には以下のように記述されていました。

　『継続企業の前提に関する注記に記載されているとおり、会社は不動産市況の悪化による販売不振により営業損失を計上し、特別損失としてたな卸資産の評価減等を実施した結果、16,488百万円の当期純損失となり、8,510百万円の債務超過となった。

　この状況に対応して、経営改善策の策定と向こう3ヵ年の中期経営計画を策定し収益構造の再構築を図ること、また、財務体質の安定化として、金融機関の協力を仰ぎながらたな卸資産の早期売却を進め借入金の返済を実行するとともに、既存した自己資本の回復等に向け第三者割当をメインシナリオとする資本増強策を模索することとしている。

　会社の対応策は、上記対策の実現及び金融機関の協力に依存しているが、不動産市況から当該経営計画の達成は不透明な状況であり金融機関の融資姿勢も明確となっていないこと、また、資本増強策についても未だ決定していないことから、向こう1年間の事業継続性に関する合理的な心証を得ることが困難

な状況となった。

　このため、当監査法人は、継続企業を前提として作成されている上記の連結決算書類に対する意見表明のための合理的な基礎を得ることができなかった。

　当監査法人は、上記事項の連結決算書類に与える影響の重大性に鑑み、株式会社ノエル及び連結子会社から成る企業集団の当該連結決算書類に係る期間の財産及び損益の状況についての意見を表明しない』

　㈱ノエルのキャッシュフロー計算書も㈱アーバンコーポレイションと同様に芳しいものではなく、**営業活動によるキャッシュフローは確認できる平成15年8月から倒産時に至るまで継続してマイナスとなっています。さらにここ数年はそのマイナス幅は毎期100億円を超えており、そのマイナスをすべて財務活動によるキャッシュフロー（つまり借入金）でまかなっています。**

　ハイライト情報の『主要な経営指標の推移』によれば、平成19年8月期までの5年間は増収増益（売上高と経常利益が増加していること）の決算でしたが、キャッシュを伴わない利益を計上していたことがわかります。

　㈱ノエルは東急田園都市線沿線で「グランノエル」シリーズのマンション分譲を行い、それなりに好評を博していました。

　不動産市況の悪化による一般顧客の買控えや投資用マンションの低迷のほか、不動産ファンドが商業施設の購入をやめたことが直接の倒産要因ですが、キャッシュフローからみると同社

のビジネスモデルそのものに無理があったように思います。

　ここでも㈱アーバンコーポレイションと同様に、滞留在庫の発生が事業経営上の致命傷となっています。

　在庫の評価損の計上もれによる資産の過大計上を通じて、利益と純資産が過大計上になっていたことが推測されます。

　つまり、損益計算上、費用の過小計上を通じて利益を過大に見せかける粉飾決算となっていた可能性が大きいわけです。

　滞留在庫については発生ずみの費用である評価損の計上が必要である場合が多く、さらにこれが計上されていないケースが多いため、金融機関側は目にみえない損失の発生にも気を配らなければなりません。

㈱ノエル・連結キャッシュフロー計算書

区　分	注記番号	前連結会計年度 (自　平成17年9月1日 至　平成18年8月31日) 金額(千円)	当連結会計年度 (自　平成18年9月1日 至　平成19年8月31日) 金額(千円)
I　営業活動によるキャッシュフロー			
税金等調整前当期純利益		1,876,650	2,969,074
減価償却費		72,843	83,583
減損損失		22,119	23,017
貸倒引当金の増加額		5,610	3,578
賞与引当金の増加額		45,869	123,828
株主優待引当金の増加額		42,000	20,000
退職給付引当金の増加額		—	4,002
受取利息および受取配当金		▲5,990	▲4,404
匿名組合投資利益		▲23,526	▲418,335
支払利息		843,065	1,400,671
社債発行費		13,267	16,628
持分変動差損		2,059	—
持分法による投資利益		▲7,539	▲8,820
前期損益修正益		▲34,655	—
前期損益修正損		—	24,101
収用補償金		▲44,736	—
受取死亡保険金		▲213,778	—

支店閉鎖損	—	14,611
固定資産除却損	19,321	34,091
売上債権の増加額	▲92,049	▲126,804
棚卸資産の増加額	▲21,905,346	▲15,584,759
不動産事業手付金の増加額	▲47,256	▲404,872
仕入債務の増加額	2,954,295	967,393
預り金の増加額（▲減少額）	▲298,212	344,111
不動産事業前受金の増加額（▲減少額）	1,521,411	▲66,800
その他	273,292	▲486,226
小計	▲14,981,285	▲11,072,329
利息および配当金の受取額	6,440	5,086
匿名組合投資利益の受取額	23,526	416,204
利息の支払額	▲845,114	▲1,392,322
法人税等の支払額	▲501,936	▲1,132,246
収用補償金の受取額	44,736	—
死亡保険金の受取額	213,778	—
営業活動によるキャッシュフロー	▲16,039,854	▲13,175,606

㈱ノエル・主要な経営指標等の推移

回 次		第32期	第33期	第34期	第35期	第36期
決算年月		平成15年8月	平成16年8月	平成17年8月	平成18年8月	平成19年8月
売上高	(千円)	12,806,521	26,526,860	33,608,443	51,845,909	80,493,329
経常利益	(千円)	306,679	471,591	945,685	1,642,581	3,065,617
当期純利益	(千円)	97,620	245,228	455,185	1,065,338	1,640,110
純資産額	(千円)	1,159,277	1,760,382	2,203,933	5,253,038	8,254,867
総資産額	(千円)	8,739,527	11,906,163	26,220,984	51,285,058	66,919,522
1株当り純資産額	(円)	146,281.13	192,836.41	241,526.98	86,870.19	118,631.73
1株当り当期純利益金額	(円)	13,224.13	28,319.08	49,883.37	20,142.53	27,212.26
潜在株式調整後1株当り当期純利益金額	(円)	—	—	—	19,549.29	26,706.67
自己資本比率	(％)	13.3	14.8	8.4	10.1	12.1
自己資本利益率	(％)	8.4	16.8	23.0	28.8	24.6
株価収益率	(倍)	—	—	—	11.3	4.7
営業活動によるキャッシュフロー	(千円)	▲2,468,826	▲1,247,536	▲11,151,729	▲16,039,854	▲13,175,606
投資活動によるキャッシュフロー	(千円)	▲272,652	▲216,300	▲172,341	▲319,954	▲293,587
財務活動によるキャッシュフロー	(千円)	3,317,368	1,647,045	12,117,111	18,386,782	12,321,568
現金および現金同等物の期末残高	(千円)	1,171,996	1,355,204	2,148,244	4,175,218	3,027,593
従業員数	(人)	98	127	223	324	395
(ほか、平均臨時雇用者数)		(7)	(13)	(9)	(12)	(12)

(注1) 売上高には、消費税等は含まれておりません。
(注2) 第34期までの潜在株式調整後1株当り当期純利益金額につきましては、新株予約権の残高はありますが、当社株式は第34期までは非上場であるため、期中平均株価が把握できませんので記載しておりません。

(注3) 第34期までの株価収益率につきましては、当社株式は第34期までは非上場であるため記載しておりません。
(注4) 第35期より「貸借対照表の純資産の部の表示に関する会計基準」(企業会計基準第5号平成17年12月9日)および「貸借対照表の純資産の部の表示に関する会計基準等の適用指針」(企業会計基準適用指針第8号平成17年12月9日)を適用しております。
(注5) 平成18年3月1日付で1株を5株とする株式分割を行っておりますが、1株当り当期純利益金額および潜在株式調整後1株当り当期純利益金額は、期首に当該分割が行われたものとみなして計算しております。

㈱ノエル・連結貸借対照表

区　分	注記番号	前連結会計年度 (平成18年8月31日)			当連結会計年度 (平成19年8月31日)		
		金額（千円）		構成比 (％)	金額（千円）		構成比 (％)
（資産の部）							
Ⅰ　流動資産							
1　現金および預金			4,289,310			3,186,056	
2　受取手形および売掛金	※2		634,038			760,843	
3　販売用不動産	※2		11,712,213			28,679,522	
4　仕掛販売用不動産	※2		13,519,031			13,767,611	
5　開発土地	※2		18,411,018			16,779,082	
6　不動産事業手付金			653,049			1,057,922	
7　繰延税金資産			261,856			347,097	
8　その他			337,043			719,019	
貸倒引当金			▲12,277			▲15,588	
流動資産合計			49,805,285		97.1	65,281,568	97.6
Ⅱ　固定資産							
1　有形固定資産	※2						
(1)　建物および構築物		423,264			429,532		
減価償却累計額		185,205	238,058		207,105	222,427	
(2)　機械装置および運搬具		5,865			5,550		
減価償却累計額		5,045	820		5,035	514	

(3) 工具、器具および備品		66,221			62,911	
減価償却累計額		33,124	33,096		35,690	27,221
(4) 土地	※2		121,633			121,633
有形固定資産合計			393,608	0.8		371,797	0.5
2 無形固定資産						
(1) 連結調整勘定			98,592			88,047
(2) のれん			—			—
(3) その他			123,577			190,218
無形固定資産合計			222,169	0.4		278,266	0.4
3 投資その他の資産						
(1) 投資有価証券	※1		439,465			440,751
(2) 長期貸付金			7,052			9,226
(3) 繰延税金資産			36,373			86,840
(4) 差入保証金敷金	※2		289,887			366,219
(5) その他			115,057			108,962
貸倒引当金			▲23,842			▲24,111
投資その他の資産合計			863,994	1.7		987,890	1.5
固定資産合計			1,479,772	2.9		1,637,954	2.4
資産合計			51,285,058	100.0		66,919,522	100.0
(負債の部)						
Ⅰ 流動負債						
1 支払手形および買掛金	※2※4		6,149,249			7,116,642
2 短期借入金			10,681,269			21,058,890

3	1年内返済予定長期借入金	※2 ※4	13,726,544		12,441,484	
4	1年内償還予定社債		176,500		228,000	
5	未払法人税等		768,509		1,059,056	
6	賞与引当金		168,771		292,599	
7	株主優待引当金		42,000		62,000	
8	不動産事業前受金		2,086,444		2,019,644	
9	その他		868,902		1,087,762	
	流動負債合計		34,667,690	67.6	45,366,079	67.8
II	固定負債					
1	社債		721,000		3,399,000	
2	長期借入金	※2	10,289,003		9,512,625	
3	繰延税金負債		278		—	
4	退職給付引当金		8,241		12,244	
5	預り保証金敷金		323,943		238,788	
6	その他		21,861		135,916	
	固定負債合計		11,364,329	22.2	13,298,575	19.9
	負債合計		46,032,019	89.8	58,664,654	87.7
(純資産の部)						
I	株主資本					
1	資本金		1,533,361	3.0	2,268,794	3.4
2	資本剰余金		1,484,721	2.9	2,220,154	3.3
3	利益剰余金		2,115,720	4.1	3,606,537	5.4
	株主資本合計		5,133,803	10.0	8,095,486	12.1

II	評価・換算差額等				
	1 その他有価証券評価差額金	50,175	0.1	33,633	0.0
	2 為替換算調整勘定	—	—	▲592	▲0.0
	評価・換算差額等合計	50,175	0.1	33,041	0.0
III	新株予約権	—	—	28,866	0.0
IV	少数株主持分	69,059	0.1	97,473	0.2
	純資産合計	5,253,038	10.2	8,254,867	12.3
	負債、純資産合計	51,285,058	100.0	66,919,522	100.0

(株)ノエル・連結損益計算書

区　分	注記番号	前連結会計年度 （自　平成17年9月1日 至　平成18年8月31日）			当連結会計年度 （自　平成18年9月1日 至　平成19年8月31日）		
		金額（千円）		百分比（％）	金額（千円）		百分比（％）
Ⅰ　売上高			51,845,909	100.0		80,493,329	100.0
Ⅱ　売上原価			44,414,499	85.7		69,687,138	86.6
売上総利益			7,431,409	14.3		10,806,191	13.4
Ⅲ　販売費および一般管理費							
1　役員報酬		127,129			129,419		
2　給与および賞与		1,474,112			1,785,439		
3　賞与引当金繰入額		160,897			286,019		
4　広告宣伝費		898,870			1,026,411		
5　貸倒引当金繰入額		8,160			1,507		
6　減価償却費		68,884			81,095		
7　株主優待引当金繰入額		42,000			58,914		
8　その他		1,919,166	4,699,221	9.0	2,931,301	6,300,109	7.8
営業利益			2,732,187	5.3		4,506,082	5.6
Ⅳ　営業外収益							
1　受取利息		4,480			1,402		
2　受取配当金		1,510			3,001		
3　匿名組合投資利益		23,526			418,335		
4　持分法による投資利益		7,539			8,820		
5　受取補償金		6,360			15,216		

6 その他		30,699			32,174	478,951	0.6
Ⅴ 営業外費用			74,116	0.1			
1 支払利息		843,065			1,400,671		
2 支払手数料		250,422			431,605		2.4
3 その他		70,235			87,139		3.8
経常利益			1,163,723	2.2		1,919,416	
特別利益			1,642,581	3.2		3,065,617	
1 固定資産売却益	※1	—			238		
2 前期損益修正益	※2	34,655			—		
3 収用補償金		44,736			—		
4 受取死亡保険金		213,778			—		
5 投資有価証券売却益		—	293,169	0.5	174	412	0.0
Ⅶ 特別損失							
1 前期損益修正損	※3	—			24,101		
2 固定資産売却損	※1	—			250		
3 固定資産除却損	※4	19,321			34,091		
4 投資有価証券評価損		—			882		
5 支店閉鎖損	※5	2,059			14,611		
6 持分変動差損		22,119			—		
7 減損損失					23,017		
8 役員死亡弔慰金	※6	15,600	59,100	0.1	—	96,956	0.1
税金等調整前当期純利益			1,876,650	3.6		2,969,074	3.7
法人税、住民税および事業税		954,531			1,422,793		
法人税等調整額		▲147,492	807,039	1.5	▲124,784	1,298,009	1.6
少数株主利益			4,272	0.0		30,954	0.1
当期純利益			1,065,338	2.1		1,640,110	2.0

④ ㈱ノヴァ

㈱ノヴァは昭和49年5月に設立されたジャスダック上場企業でした。

倒産直前期の連結売上高は558億円、従業員数2,190名、資本金50億円にものぼる企業でしたが、平成19年10月26日に会社更生法を申請し、同年11月13日に破産手続の開始決定を受けて倒産しました。

最盛期における生徒数は約40万人にものぼり、英会話学校におけるシェアの60％を占めている、業界ではナンバーワンの企業でした。しかしながら倒産直前期の税金等調整前当期純利益は連結ベースで▲22億円と赤字となっており、キャッシュベースだけでなく損益ベースでも業績は悪化していました。

キャッシュフローにおいても、資金繰りの苦しさははっきりと表れており、営業活動によるキャッシュフローは▲57億円と、損益ベースの赤字の約2.6倍になっています。

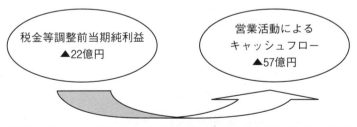

（発生主義に基づく損失）　赤字幅の拡大　（現金主義に基づく損失）

また倒産する直前々期も営業活動によるキャッシュフローは▲41億円であり、営業活動によるキャッシュフローは継続的に

赤字となっていました。

そのおもな要因は、**前受金の一種である繰延駅前留学サービス収入**の61億円の減少です。繰延駅前留学サービス収入とは、入学時に一括して入金となる授業料の前受金です。

会社の資金繰りの観点からは、この授業料の前受金に大きく依存していたと推測されます。この前受金を原資にして、駅前ビルの教室の賃借に必要となる差入保証金や、外国人講師の給料などの必要経費を支払っていたと思われます。

本来は、この前受金は生徒への授業サービスの提供の進捗に応じて取り崩していくべきなのですが、これを先食いしていたわけです。したがって前受金が大幅に減少したことで、会社の資金繰りが急速に悪化し、これが資金的には致命傷となったと考えられます。

さらに前受金は原則として流動負債に計上される短期資金であり、回転差資金の一種と考えられます。

これを差入保証金等の固定資産の運用に回すことは、短期の調達資金で長期の資金運用を行っていることになり、調達と運用の資金バランスが崩れてしまっています。

㈱ノヴァは中途解約時の返戻金をめぐるトラブルが表面化し、受講生が長期間の受講料の支払に応じなくなったことにより、前受金が大幅に減少した結果、資金繰りがつかず倒産に追い詰められたと考えられます。

したがって、㈱ノヴァは粉飾決算ではなく、決算自体は適正に行われており、その意味では会計については真面目な会社で

あったことがわかります。

　倒産要因としては、資金面においてその調達と運用のバランスが大きく崩れたことがあげられるでしょう。

　小売業をはじめ、現金商売である場合には流動資産よりも流動負債が大きくなることによる回転差資金が生じるケースは意外に多いのですが、倒産したケースを分析すると、これを設備投資に充てるなど固定資産で運用しているケースがほとんどです。

　これをみると、経営者が回転差資金を無利息かつ長期の調達資金であると勘違いした結果の倒産であることがわかります。

　さらに、㈱ノヴァの社長は社内に豪華な個室をもっていたことからも推測されるとおり、公私混同が激しく、社内の経営幹部の意見を聞くことはありませんでした。

　企業のガバナンスやコンプライアンスの要素が、経営者に完全に欠けていたといえるでしょう。

㈱ノヴァ・連結キャッシュフロー計算書

区　　分	注記番号	前連結会計年度 （自 平成17年4月1日 至 平成18年3月31日） 金額（千円）	当連結会計年度 （自 平成18年4月1日 至 平成19年3月31日） 金額（千円）
I　営業活動によるキャッシュフロー			
税金等調整前当期純利益または純損失（▲）		▲3,090,857	▲2,241,292
減価償却費		2,578,311	2,186,993
有形固定資産除却損		94,019	52,053
拠店移転損失		280,118	923,973
投資有価証券売却損（▲売却益）		―	▲483,055
為替差損（▲差益）		▲123,475	▲434,642
先物為替予約評価損（▲評価益）		▲140,686	163,229
引当金の増加額（▲減少額）		1,070,523	531,798
受取利息および受取配当金		▲485,708	▲646,203
支払利息		148,649	141,645
売上債権の減少額（▲増加額）		▲715,465	▲1,885,098
棚卸資産の減少額（▲増加額）		▲585,957	688,135
仕入債務の増加額（▲減少額）		▲1,391,154	▲907,328
繰延駅前留学サービス収入の増加額（▲減少額）		▲1,769,893	▲6,123,334
未払消費税等の増加額（▲減少額）		▲167,292	187,734
役員賞与の支払額		▲31,800	―
その他		561,328	1,728,387

小計		▲3,769,339	▲6,117,005
利息および配当金の受取額		485,691	646,169
利息の支払額		▲169,183	▲132,486
法人税等の支払額		▲696,995	▲161,171
営業活動によるキャッシュフロー		▲4,149,827	▲5,764,493
Ⅱ 投資活動によるキャッシュフロー			
有形固定資産の取得による支出		▲2,426,260	▲2,798,784
有形固定資産の売却による収入		1,195,100	2,943
投資有価証券の取得による支出		▲1,903,710	▲1,282,274
投資有価証券の売却および償還による収入		974,297	2,272,600
貸付による支出		▲700,000	—
貸付金の回収による収入		614,883	282,098
敷金および差入保証金の支払いによる支出		▲787,465	▲177,287
敷金および差入保証金の解約による収入		208,637	1,375,812
無形固定資産の取得による支出		▲317,505	▲259,377
その他		8,358	35,131
投資活動によるキャッシュフロー		▲3,133,662	▲549,136
Ⅲ 財務活動によるキャッシュフロー			
短期借入れによる収入		4,200,000	3,100,000
短期借入金の返済による支出		▲3,020,000	▲2,460,000
長期借入れによる収入		6,200,000	1,800,000
長期借入金の返済による支出		▲5,053,150	▲6,381,130
社債の発行による収入		4,912,000	584,054
社債の償還による支出		▲500,000	▲1,042,000

自己株式に関する収支		▲57,788	▲522
配当金の支払額		▲333,995	—
IV	財務活動によるキャッシュフロー	6,347,066	▲4399,598
V	現金および現金同等物に係る換算差額	123,475	434,642
VI	現金および現金同等物の増加額（▲減少額）	▲812,947	▲10,278,586
VII	現金および現金同等物の期首残高	15,186,906	14,373,958
VIII	現金および現金同等物の期末残高	14,373,958	4,095,372

㈱ノヴァ・主要な経営指標等の推移

(1) 連結経営指標等

回次		第13期	第14期	第15期	第16期	第17期
決算年月		平成15年3月	平成16年3月	平成17年3月	平成18年3月	平成19年3月
売上高	(千円)	65,031,804	70,600,269	75,274,581	69,812,116	57,064,788
経常利益または損失(▲)	(千円)	1,168,412	1,475,726	923,871	▲1,470,740	▲1,211,154
当期純利益または純損失(▲)	(千円)	187,580	448,893	203,943	▲3,070,180	▲2,495,004
純資産額	(千円)	8,821,825	9,272,455	9,006,930	5,810,897	2,824,253
総資産額	(千円)	59,016,649	63,672,741	66,948,510	68,837,624	55,269,971
1株当り純資産額	(円)	391.68	411.47	268.72	87.24	42.40
1株当り当期純利益または純損失(▲)	(円)	7.38	18.57	5.13	▲46.07	▲37.46
潜在株式調整後1株当り当期純利益	(円)	—	—	—	—	—
自己資本比率	(%)	15.0	14.6	13.5	8.4	5.1
自己資本利益率	(%)	2.1	5.0	2.2	—	—
株価収益率	(倍)	24.4	21.0	146.3	—	—
営業活動によるキャッシュフロー	(千円)	3,791,446	2,603,103	▲1,033,537	▲4,149,827	▲5,764,493
投資活動によるキャッシュフロー	(千円)	▲3,772,541	▲2,113,372	▲3,006,916	▲3,133,662	▲549,136
財務活動によるキャッシュフロー	(千円)	▲1,392,373	1,076,800	2,412,563	6,347,066	▲4,399,598
現金および現金同等物の期末残高	(千円)	15,278,761	16,682,285	15,186,906	14,373,958	4,095,372
従業員数	(人)	2,706	2,917	3,046	2,991	2,411
[ほか、平均臨時雇用者数]		[282]	[341]	[359]	[555]	[652]
[ほか、平均インストラクター(外国人講師)数]		[5,189]	[5,829]	[6,121]	[5,384]	[4,929]

Ⅰ B/S、P/L、C/Fと株主資本等変動計算書　173

(注1) 売上高には消費税および地方消費税（以下「消費税等」という）は含まれておりません。
(注2) 潜在株式調整後1株当り当期純利益は、潜在株式が存在しないため記載しておりません。
(注3) 第16期および第17期の自己資本利益率は、当期純損失および1株当り当期純損失が計上されているため記載しておりません。
(注4) 当社は、平成16年9月1日付で、1株につき1.5株の割合で株式を分割しております。なお、第15期の1株当り当期純利益は、当該株式分割が期首に行われたものと仮定して計算しております。
(注5) 当社は、平成17年9月1日付で、1株につき2株の割合で株式を分割しております。なお、第16期の1株当り当期純損失は、当該株式分割が期首に行われたものと仮定して計算しております。
(注6) 純資産額の算定にあたり、第17期から「貸借対照表の純資産の部の表示に関する会計基準」（企業会計基準第5号平成17年12月9日）および「貸借対照表の純資産の部の表示に関する会計基準等の適用指針」（企業会計基準適用指針第8号平成17年12月9日）を適用しております。

(2) 提出会社の経営指標等

回次		第13期	第14期	第15期	第16期	第17期
決算年月		平成15年3月	平成16年3月	平成17年3月	平成18年3月	平成19年3月
売上高	(千円)	61,534,917	66,617,787	70,139,622	66,969,597	55,855,275
経常利益または損失（▲）	(千円)	1,020,484	1,451,014	873,474	▲1,588,883	▲1,267,344
当期純利益または純損失（▲）	(千円)	109,141	464,865	251,731	▲3,092,741	▲2,890,307
資本金	(千円)	5,000,000	5,000,000	5,000,000	5,000,000	5,000,000
発行済株式総数	(株)	22,501,200	22,501,200	33,751,800	67,503,600	67,503,600
純資産額	(千円)	9,219,354	9,680,569	9,464,502	6,247,708	2,865,760
総資産額	(千円)	55,125,776	60,384,170	58,393,979	61,684,276	51,655,611
1株当り純資産額	(円)	409.45	429.72	282.47	93.80	43.03

1株当たり配当額	(円)	5.00	10.00	10.00	―	―
(うち、1株当たり中間配当額)		(―)	(―)	(―)	(―)	(―)
1株当たり当期純利益または当期純損失(▲)	(円)	3.97	19.36	6.61	▲46.41	▲43.39
潜在株式調整後1株当たり当期純利益	(円)	―	―	―	―	―
第16期および第17期の自己資本利益率、						
自己資本比率	(%)	16.7	16.0	16.2	10.1	5.5
自己資本利益率	(%)	1.2	4.9	2.6	―	―
株価収益率	(倍)	37.1	20.1	113.46	―	―
配当性向	(%)	125.9	51.7	151.29	―	―
従業員数		2,519	2,709	2,883	2,840	2,279
[ほかに、平均臨時雇用者数]		[216]	[288]	[356]	[543]	[647]
[ほかに、平均インストラクター(外国人講師)数]	(人)	[5,189]	[5,829]	[6,121]	[5,384]	[4,929]

(注1) 売上高には消費税等は含まれておりません。
(注2) 潜在株式調整後1株当たり当期純利益は、潜在株式が存在しないため記載しておりません。
(注3) 第16期および第17期の自己資本利益率、株価収益率および配当性向は、当期純損失および1株当たり当期純損失が計上されているため記載しておりません。
(注4) 第14期の1株当たり配当額は、記念配当2円を含んでおります。
(注5) 当社は、平成16年9月1日付で、1株につき1.5株の割合で株式を分割しております。なお、第15期の1株当たり当期純利益は、当該株式分割が期首に行われたものと仮定して計算しております。
(注6) 当社は、平成17年9月1日付で、1株につき2株の割合で株式を分割しております。なお、第16期の1株当たり当期純損失は、当該株式分割が期首に行われたものと仮定して計算しております。
(注7) 純資産額の算定にあたり、第17期から「貸借対照表の純資産の部の表示に関する会計基準」(企業会計基準第5号平成17年12月9日)および「貸借対照表の純資産の部の表示に関する会計基準等の適用指針」(企業会計基準適用指針第8号平成17年12月9日)を適用しております。

㈱ノヴァ・連結貸借対照表

区　分	注記番号	前連結会計年度(平成18年3月31日) 金額（千円）		構成比(％)	当連結会計年度(平成19年3月31日) 金額（千円）		構成比(％)
(資産の部)							
Ⅰ 流動資産							
1 現金および預金			13,869,016			4,067,375	
2 受取手形および営業未収入金	※2		6,565,761			8,584,433	
3 有価証券			40,978			15,205	
4 棚卸資産			3,802,566			3,114,430	
5 繰延税金資産			1,133,871			1,150,158	
6 その他			2,741,660			1,985,284	
7 貸倒引当金			▲216,148			▲186,826	
流動資産合計			27,937,707		40.6	18,730,061	33.9
Ⅱ 固定資産							
1 有形固定資産	※2						
(1) 建物および構築物		15,480,267			14,872,188		
減価償却累計額		5,586,419	9,893,848		6,185,113	8,687,075	
(2) 機械装置および運搬具		14,247			14,247		
減価償却累計額		10,173	4,073		11,322	2,924	
(3) 工具器具備品		5,944,434			5,606,215		
減価償却累計額		4,153,999	1,790,434		4,238,968	1,367,247	

(4) 土地			4,602,760		4,617,781	
(5) 建設仮勘定			139,104		291,707	
有形固定資産合計	※2		16,430,222	23.9	14,966,735	27.1
2 無形固定資産						
(1) ソフトウェア			849,855		825,508	
(2) 電話加入権			153,204		64,776	
(3) その他			60,714		76,888	
無形固定資産合計			1,063,774	1.5	967,174	1.7
3 投資その他の資産						
(1) 投資有価証券	※1		3,155,830		1,762,408	
(2) 長期貸付金			29,381		22,265	
(3) 長期営業未収入金			2,301,198		2,167,625	
(4) 敷金および差入保証金	※2		16,405,109		15,195,267	
(5) 繰延税金資産			67,357		133,379	
(6) その他	※1		1,445,022		1,331,994	
(7) 貸倒引当金			▲56,646		▲50,511	
投資その他の資産合計			23,347,254	33.9	20,562,429	37.2
固定資産合計			40,841,250	59.3	36,496,339	66.0
Ⅲ 繰延資産						
1 社債発行費			58,666		43,570	
繰延資産合計			58,666	0.1	43,570	0.1
資産合計			68,837,624	100.0	55,269,971	100.0

(負債の部)

I	流動負債			
	1 支払手形および買掛金	1,866,735		959,406
	2 短期借入金	7,273,130		6,133,390
	3 1年以内償還予定社債	1,000,000		1,084,000
	4 未払法人税等	363,176		504,237
	5 繰延駅前留学サービス収入	18,444,885		15,005,594
	6 賞与引当金	536,662		402,224
	7 売上返戻引当金	1,183,965		1,880,441
	8 その他	7,137,713		8,986,309
	流動負債合計	37,806,269	54.9	34,955,604	63.3
II	固定負債			
	1 社債	3,500,000		2,974,000
	2 長期借入金	3,728,820		927,430
	3 長期未払金	4,043,566		2,473,100
	4 長期繰延駅前留学サービス収入	13,184,914		10,500,871
	5 繰延税金負債	318,268		—
	6 退職給付引当金	444,887		450,105
	7 その他	—		164,606
	固定負債合計	25,220,457	36.7	17,490,113	31.6
	負債合計	63,026,727	91.6	52,445,718	94.9
(少数株主持分)				
	少数株主持分	—	—	—	—

178

(資本の部)					
I　資本金	※3		5,000,000	7.3	—
II　資本剰余金			2,039,012	3.0	—
III　利益剰余金			▲1,414,772	▲2.1	—
IV　その他有価証券評価差額金			505,380	0.7	—
V　自己株式	※4		▲318,722	▲0.5	—
資本合計			5,810,897	8.4	—
負債，少数株主持分および資本合計			68,837,624	100.0	—
(純資産の部)					
I　株主資本			—	—	
1　資本金			—	—	5,000,000	9.0
2　資本剰余金			—	—	2,039,012	3.7
3　利益剰余金			—	—	▲3,909,777	▲7.0
4　自己株式			—	—	▲319,245	▲0.6
株主資本合計			—	—	2,809,989	5.1
II　評価・換算差額等					
1　その他有価証券評価差額金			—	—	14,263	0.0
評価・換算差額等合計			—	—	14,263	0.0
純資産合計			—	—	2,824,253	5.1
負債，純資産合計			—	—	55,269,971	100.0

㈱ノヴァ・連結損益計算書

区分	注記番号	前連結会計年度 (自 平成17年4月1日 至 平成18年3月31日)			当連結会計年度 (自 平成18年4月1日 至 平成19年3月31日)		
		金額（千円）		百分比(%)	金額（千円）		百分比(%)
Ⅰ 売上高			69,812,116	100.0		57,064,788	100.0
Ⅱ 売上原価	※1		40,303,709	57.7		34,274,357	60.1
売上総利益			29,508,406	42.3		22,790,431	39.9
Ⅲ 販売費および一般管理費	※1						
1 給料手当		7,305,228			6,651,497		
2 賞与引当金繰入額		451,810			325,258		
3 退職給付費用		96,095			75,895		
4 広告宣伝費		11,098,750			7,000,124		
5 減価償却費		1,132,018			1,085,829		
6 賃借料		4,568,359			4,273,575		
7 その他		7,051,926	31,704,189	45.4	5,967,676	25,379,857	44.4
営業利益または損失（▲）			▲2,195,783	▲3.1		▲2,589,426	▲4.5
Ⅳ 営業外収益							
1 受取利息		415,342			584,699		
2 受取配当金		70,366			61,503		
3 投資有価証券売却益		5,932			548,332		
4 受取手数料		100,301			122,058		
5 為替差益		115,281			465,656		

6	先物為替予約評価益		140,686				
7	その他		127,951	975,862	1.4	164,543	1,946,794	3.4
V	営業外費用							
1	支払利息		148,649			141,645		
2	社債発行費償却		29,333			31,041		
3	投資有価証券売却損		—			65,276		
4	先物為替予約評価損		—			163,229		
5	その他		72,835	250,819	0.4	167,330	568,523	1.0
	経常利益または損失（▲）			▲1,470,740	▲2.1		▲1,211,154	▲2.1
VI	特別利益							
1	貸倒引当金戻入額		31,263	31,263	0.1	35,456	35,456	0.1
VII	特別損失							
1	過年度売上返戻引当金繰入額		1,251,003			—		
2	固定資産除却損	※2	94,019			84,719		
3	固定資産売却損	※3	26,239			1,430		
4	投資有価証券評価損		—			55,471		
5	拠店移転損失	※4	280,118	1,651,380	2.4	923,973	1,065,594	1.9
	税金等調整前当期純利益または純損失（▲）			▲3,090,857	▲4.4		▲2,241,292	▲3.9
	法人税、住民税および事業税		352,687			311,308		
	法人税等調整額		▲373,364	▲20,676	▲0.0	▲57,596	253,711	0.4
	少数株主損益			—	—			
	当期純利益または純損失（▲）			▲3,070,180	▲4.4		▲2,495,004	▲4.3

⑤ ㈱エフオーアイ

　㈱エフオーアイは、平成21年11月20日に東証マザーズに上場しましたが、わずか半年後の平成22年6月15日に粉飾決算の疑いで上場廃止となっています。

　なお、同社は平成22年5月21日に東京地裁に破産手続開始を申し立て、事実上倒産していました。

　㈱エフオーアイのキャッシュフロー計算書では、この会社が倒産するべくして倒産したことがわかります。

　ここでは実質的に最後の決算となった平成21年12月末の第3四半期決算についてみてみましょう。

　営業活動によるキャッシュフローのマイナス幅は33億円に達しており、そのほとんどすべてが財務活動によるキャッシュフローでまかなわれています。

　この営業活動によるキャッシュフローの▲33億円の主たる原因は、売上債権の増加37億円にあることは明らかですが、売上債権回転期間の分析のところでみたように、売上債権回転期間は9カ月前の平成21年3月期における23カ月から28カ月へとさらに延長しています。

　㈱アーバンコーポレイションの事例では**棚卸資産回転期間20数カ月が倒産シグナルだったのですが、売上債権回転期間についても同様に20数カ月は倒産シグナル**といえるでしょう。

　事後的にですが、同社の売上高の97％は架空の売上げであったことが判明しており、粉飾の規模のすさまじさがわかります。

もともとの売上高のほとんどが嘘の売上高ですから、回収がないのも当然です。

　これに関して同社では注文書の偽造から始まり、海外に監査に行った会計士を組織ぐるみで騙していたことがわかっています。

　ここでは架空の売上高が架空の売掛金の増加となっており、収益の過大計上による資産の過大計上を通じて、架空の利益と架空の純資産を生み出す粉飾決算となっていたわけです。

　翌期売上げの先取りは実務上多いのですが、それ以外にもこのような完全な架空売上げが、上場会社においても現実にあったという事実に着目しなければなりません。

　なお平成21年12月末の第3四半期決算における税金等調整前四半期純利益は14億円ですから、営業活動によるキャッシュフローの▲33億円とは47億円の乖離があり、この金額と売上債権の増加額37億円とは10億円の差異があります。

　この10億円の差異は、本当はあがっていない利益に対して税金を支払っているからであり、粉飾のコストとしての税金が多額に発生しています。

　また同時期には短期借入金の減少が30億円あり、金融機関は決算が粉飾していることに気づいていた可能性がありますが、いまとなっては闇のなかです。

　その短期借入金の返済資金を含めて、資本市場から増資による株式発行で69億円の資金調達をしており、一般投資家が騙されてババを引いたかたちとなっています。

同社の粉飾を見抜けなかった東京金融商品取引所や幹事証券会社、さらに会計監査人の責任は重いといえます。

㈱エフオーアイ・四半期連結キャッシュフロー計算書

(単位:千円)

	当第3四半期連結累計期間 (自 平成21年4月1日 至 平成21年12月31日)
営業活動によるキャッシュフロー	
税金等調整前四半期純利益	1,427,817
減価償却費	61,625
引当金の増減額 (▲は減少)	▲30,960
受取利息および受取配当金	▲1,432
支払利息	254,299
為替差損益 (▲は益)	217
売上債権の増減額 (▲は増加)	▲3,724,817
棚卸資産の増減額 (▲は増加)	▲306,089
仕入債務の増減額 (▲は減少)	▲90,060
その他	414,552
小計	▲1,994,847
利息および配当金の受取額	789
利息の支払額	▲260,419
法人税等の支払額	▲1,059,828
営業活動によるキャッシュフロー	▲3,314,305
投資活動によるキャッシュフロー	
定期預金の預入れによる支出	▲33,360
定期預金の払戻しによる収入	133,718
有形固定資産の取得による支出	▲1,129

無形固定資産の取得による支出	▲5,000
貸付による支出	▲1,950
貸付金の回収による収入	2,071
その他	564
投資活動によるキャッシュフロー	94,914
財務活動によるキャッシュフロー	
短期借入金の純増減額（▲は減少）	▲3,046,096
長期借入れによる収入	80,000
長期借入金の返済による支出	▲683,240
社債の償還による支出	▲50,000
株式の発行による収入	6,902,038
その他	▲1,626
財務活動によるキャッシュフロー	3,201,075
現金および現金同等物に係る換算差額	855
現金および現金同等物の増減額（▲は減少）	▲17,459
現金および現金同等物の期首残高	2,546,997
現金および現金同等物の四半期末残高	※2,529,537

㈱エフオーアイ・主要な経営指標等の推移

回　　次		第16期 第3四半期連結累計期間	第16期 第3四半期連結会計期間	第15期
会計期間		自 平成21年4月1日 至 平成21年12月31日	自 平成21年10月1日 至 平成21年12月31日	自 平成20年4月1日 至 平成21年3月31日
売上高	（千円）	8,563,162	3,669,978	11,855,960
経常利益	（千円）	1,426,575	801,829	2,016,144
四半期（当期）純利益	（千円）	854,422	522,778	530,071
純資産額	（千円）	—	21,605,123	13,797,596
総資産額	（千円）	—	32,954,670	29,177,829
1株当り純資産額	（円）	—	806.81	810.75
1株当り四半期（当期）純利益金額	（円）	42.80	22.58	32.33
潜在株式調整後 四半期（当期）純利益金額	（円）	42.12	22.27	—
自己資本比率	（％）	—	65.5	47.2
営業活動によるキャッシュフロー	（千円）	▲3,314,305	—	▲3,550,656
投資活動によるキャッシュフロー	（千円）	94,914	—	▲91,606
財務活動によるキャッシュフロー	（千円）	3,201,075	—	4,868,879
現金および現金同等物の 四半期末（期末）残高	（千円）	—	2,529,537	2,546,997
従業員数	（人）	—	196	193

（注1）当社は、四半期連結財務諸表を作成しておりますので、提出会社の主要な経営指標等の推移については記載しておりません。

(注2) 売上高には、消費税等は含まれておりません。
(注3) 第15期の潜在株式調整後1株当り当期純利益金額については、新株予約権の残高はありますが、当社株式は非上場であったため、期中平均株価が把握できませんので記載しておりません。
(注4) 当社は、第15期第3四半期連結累計(会計)期間においては四半期連結財務諸表を作成しておりませんので、第15期第3四半期連結累計(会計)期間に係る主要な経営指標等の推移については記載しておりません。

㈱エフオーアイ・四半期連結貸借対照表

(単位:千円)

	当第3四半期 連結会計期間末 (平成21年12月31日)	前連結会計年度末に係る 要約連結貸借対照表 (平成21年3月31日)
(資産の部)		
流動資産		
現金および預金	2,546,184	2,661,860
売掛金	26,621,076	22,895,952
仕掛品	3,628,557	3,325,763
その他	376,927	528,852
貸倒引当金	▲579,500	▲579,500
流動資産合計	32,593,245	28,832,928
固定資産		
有形固定資産	※1 168,248	※1 220,826
無形固定資産	14,147	13,302
投資その他の資産	179,028	110,772
	361,424	344,900
固定資産合計	32,954,670	29,177,829
資産合計		
(負債の部)		
流動負債		
買掛金	509,313	599,374
短期借入金	※2, ※3 6,660,264	※2, ※3 9,616,730
未払法人税等	394,525	859,999

I　B／S、P／L、C／Fと株主資本等変動計算書　189

引当金		193,484		225,401
その他		1,249,709		873,341
流動負債合計		9,007,297		12,174,846
固定負債				
社債		300,000		470,000
長期借入金	※3	2,031,440	※3	2,724,310
その他		10,809		11,076
固定負債合計		2,342,249		3,205,386
負債合計		11,349,546		15,380,233
(純資産の部)				
株主資本				
資本金		9,485,924		6,009,533
資本剰余金		9,428,413		5,955,033
利益剰余金		2,676,261		1,821,839
株主資本合計		21,590,599		13,786,405
評価・換算差額等				
為替換算調整勘定		▲13,902		▲18,233
評価・換算差額等合計		▲13,902		▲18,233
新株予約権		28,426		29,423
純資産合計		21,605,123		13,797,596
負債、純資産合計		32,954,670		29,177,829

㈱エフオーアイ・四半期連結損益計算書

(1) 第3四半期連結累計期間

(単位:千円)

	当第3四半期連結累計期間 (自 平成21年4月1日 至 平成21年12月31日)
売上高	8,563,162
売上原価	5,102,076
売上総利益	3,461,086
販売費および一般管理費	※1,469,159
営業利益	1,991,927
営業外収益	
受取利息	1,432
還付加算金	4,462
その他	2,080
営業外収益合計	7,975
営業外費用	
支払利息	254,299
資金調達費用	109,490
為替差損	118,715
その他	90,822
営業外費用合計	573,327
経常利益	1,426,575
特別利益	
新株予約権戻入益	1,242

特別利益合計	1,242
税金等調整前四半期純利益	1,427,817
法人税、住民税および事業税	599,880
法人税等調整額	▲26,485
法人税等合計	573,394
四半期純利益	854,422

(2) 第3四半期連結会計期間

(単位:千円)

	当第3四半期連結会計期間 (自 平成21年10月1日 至 平成21年12月31日)
売上高	3,669,978
売上原価	2,196,699
売上総利益	1,473,278
販売費および一般管理費	※548,473
営業利益	924,804
営業外収益	
受取利息	169
為替差益	27,753
還付加算金	1,011
その他	1,211
営業外収益合計	30,146
営業外費用	
支払利息	85,679

資金調達費用	14,718	
その他	52,723	
営業外費用合計		153,121
経常利益		801,829
特別利益		
新株予約権戻入益	207	
特別利益合計		207
税金等調整前四半期純利益		802,036
法人税、住民税および事業税	368,711	
法人税等調整額	▲89,453	
法人税等合計		279,257
四半期純利益		522,778

4 株主資本等変動計算書

(1) 株主資本等変動計算書の概要

株主資本等変動計算書は、期首から期末にかけての純資産の動きを示すものです。

旧商法では利益処分計算書と呼ばれていたものが会社法で廃止されたことに伴い、その内容を引き継ぐとともに、当期純利益や増資による純資産の増加と、配当金の支払や自己株式の取得による純資産の減少、さらに純資産内部での振替え等を示すことで、前期末貸借対照表の純資産から当期末貸借対照表の純資産へつなげる役割を果たしています。

ここでは株主資本等変動計算書の様式と事例をみておきましょう。

(2) 株主資本等変動計算書の見方のポイント

見方のポイントは**当期純利益と配当金の割合**、および**資本と利益の割合の推移**です。

配当金／当期純利益は配当性向と呼ばれています。

日本の会社は利益の有無に関係なく安定配当を行うケースが多いことから、分子の配当金は一定であり、分母の当期純利益が不安定となっています。

したがって業績が悪いと分母が小さくなる結果、配当性向は

純資産の各項目を横に並べる横式例

《株主資本等変動計算書》

	株主資本									評価・換算差額等（注2）			新株予約権	純資産合計（注3）
	資本金	資本剰余金			利益剰余金				自己株式	株主資本合計	その他有価証券評価差額金	繰延ヘッジ損益	評価・換算差額等合計（注3）		
		資本準備金	その他資本剰余金	資本剰余金合計（注3）	利益準備金	その他利益剰余金（注1）		利益剰余金合計（注3）							
						××積立金	繰越利益剰余金								
前期末残高	xxx	xxx	xxx	xxx	xxx	xxx	xxx	xxx	▲xxx	xxx	xxx	xxx	xxx	xxx	xxx
当期変動額															
新株の発行	xxx	xxx		xxx						xxx					xxx
剰余金の配当							▲xxx	▲xxx		▲xxx					▲xxx
当期純利益							xxx	xxx		xxx					xxx
自己株式の処分									xxx	xxx					xxx
××××××															
株主資本以外の項目の当期変動額（純額）											(注5) xxx	(注5) xxx	xxx	(注5) xxx	xxx
当期変動額合計	xxx	xxx	―	xxx	xxx	―	xxx	xxx	xxx	xxx	xxx	xxx	xxx	xxx	xxx
当期末残高	xxx	xxx	xxx	xxx	xxx	xxx	xxx	xxx	▲xxx	xxx	xxx	xxx	xxx	xxx	xxx

(注1) その他利益剰余金については、その内訳科目の前期末残高、当期変動額および当期末残高の各合計額を個別株主資本等変動計算書に記載する。
(注2) 評価・換算差額等の前期末残高、当期変動額および当期末残高については、その内訳科目の前期末残高、当期変動額および当期末残高の各合計額を個別株主資本等変動計算書に記載する。
(注3) 各合計欄の記載は省略することができる。
(注4) 株主資本の各項目の変動事由およびその金額の記載は、おおむね個別貸借対照表における表示の順序による。
(注5) 株主資本以外の各項目は、当期変動額を純額で記載することにかえて、変動事由ごとにその金額を個別株主資本等変動計算書に記載する場合には、おおむね株主資本変動計算書に関係する変動事由の次に記載する。ができる。また、当期変動額は、変動事由ごとにその金額を個別株主資本等変動計算書に記載することにより表示することができる。この場合、その他有価証券評価差額金について、変動事由ごとにその金額を個別株主資本等変動計算書に記載することに代えて、注記によることができる。この場合、評価・換算差額等に関係する変動事由の次に記載する。

純資産の各項目を縦に並べる様式例

〈株主資本等変動計算書〉

株主資本			
資本金	前期末残高		xxx
	当期変動額	新株の発行	xxx
	当期末残高		xxx
資本剰余金			
資本準備金	前期末残高		xxx
	当期変動額	新株の発行	xxx
	当期末残高		xxx
その他資本剰余金	前期末残高および当期末残高		xxx
資本剰余金合計（注3）	前期末残高		xxx
	当期変動額		xxx
	当期末残高		xxx
利益剰余金			
利益準備金	前期末残高		xxx
	当期変動額	剰余金の配当に伴う積立	xxx
	当期末残高		xxx
その他利益剰余金（注1）			
XX積立金	前期末残高および当期末残高		xxx
繰越利益剰余金	前期末残高		xxx
	当期変動額	剰余金の配当	▲xxx
		当期純利益	xxx
	当期末残高		xxx
利益剰余金合計（注3）	前期末残高		xxx
	当期変動額		xxx
	当期末残高		xxx
自己株式	前期末残高		▲xxx
	当期変動額	自己株式の処分	xxx
	当期末残高		▲xxx
株主資本合計	前期末残高		xxx
	当期変動額		xxx
	当期末残高		xxx
評価・換算差額等（注2）			
その他有価証券評価差額金	前期末残高		xxx
	当期変動額（純額）（注4）		xxx
	当期末残高		xxx

上昇し、業績がよいと分母が大きくなる結果、配当性向は低下することになります。

現実には当期純利益がマイナス、つまり赤字であっても配当は行っているケースもあるのですが、その場合には配当性向は計算不能となります。

一方で資本と利益の割合の変化も重要です。

純資産の部の株主資本のなかで、資本金と資本剰余金（資本準備金およびその他資本剰余金）は元手である「資本」に属し、利益剰余金（利益準備金とその他利益剰余金）は儲けである「利益」に属しました。

業績が悪いと必然的に「利益」が減少するため「資本」の割合が高くなり、業績がよいとこれも当然ながら「利益」の割合が高くなります。

両者の割合の推移をみることで、会社の真の業績の良し悪しと、向かっている方向性がみえてきます。

II 利益の捻出は問題会社、利益の抑制は優良会社

1 利益の捻出について

　すでにみたように利益は多額でなくても、わずかな利益であっても金融機関からの信用の継続のために役立ちます。

　このために粉飾決算に走る企業も多いのですが、そこまでいかなくても、合法的に利益を捻出することは可能です。

　日本の会計基準は国際財務報告基準（IFRS）と比較して選択の幅が広く、利益を捻出する会計基準を選択することで、ある程度の利益はつくれます。

　その典型例は開発費等の繰延資産の資産計上ですが、これ以外にも含み益をもつ有価証券や土地の売却による益出しも、従来から当たり前のように行われています。

　実務では収益から費用を差し引いて利益を計算するのではなく、利益を先に決めてしまい、そうなるように収益や費用を計上することが多いことを知っておかなければなりません。

　つまり報告式損益計算書は、下から上へとつくられているのです。

　簿記を学習した方は、会社によっては学習上の簿記と実務上の簿記が違っていることに気をつける必要があります。

　ここで目安となるのが、すでに学習したようにわずかな利益（利益率が1％未満の利益）を計上しているかどうかです。

　利益が多額であれば、それは本物の利益ですが、少額な利益は意図的につくられた利益といえるでしょう。

具体的には、営業外収益で経常利益をつくる例が多いのはすでにみたとおりですが、これを見抜くためには、P52〜54ですでにみた分析方法（営業外費用／営業利益×100（％）、営業外収益／経常利益×100（％）がそれぞれ70％以上かどうか）のほかにも営業外損益の計算順序を次のように変えてみる方法もあります。

　まず営業利益から経常利益までは、次のようになっています。

```
　　　　営 業 利 益
　　　＋営業外収益
　　　－営業外費用
　　　　経 常 利 益
```

　経常利益は臨時的な要素や異常な要素（これらは特別損益に計上される）を取り除いた正常な利益といわれており、金融機関の行う与信判断の観点からは、この経常利益が最重要視されています。

　これにより金融機関からの信用の継続を図るため、わずかな経常利益を計上しているケースが非常に多いわけです。

　ここでわずかな経常利益とは、すでにみたように経常利益を売上高で割った売上高経常利益率が1％未満の利益を指しています。

　ここでの見方のポイントは、本業の利益である営業利益で支払利息等の営業外費用をまかなえているかどうかですので、こ

れをみるために、一つの方法として計算の順序を以下のように変えてみます。

```
     営 業 利 益
    －営業外費用
    ＋営業外収益
     経 常 利 益
```

つまり、営業利益が支払利息等の営業外費用の負担で、どの程度失われるかをみるわけです。

営業利益よりも営業外費用のほうが多額であれば、営業利益から営業外費用を差し引いた段階で赤字になっているはずです。

この営業利益から営業外費用を差し引いた金額がその会社の実力を表すわけですが、この金額は経常利益から営業外収益を差し引いた金額に等しく、本業以外の収益である営業外収益を除いた場合の経常利益に相当しています。

日本では経常損失を計上している企業が多く、企業全体の過半数に達しているのですが、逆に過半数の企業では営業利益を計上しています。

つまり、本業の利益である営業利益で支払利息等の営業外費用を負担しきれなくて、経常損失に転落しているのです。

営業利益を超える営業外費用を計上し、それでもなお経常利益をあげていることもありますが、その場合には営業外収益の雑収益や雑収入等が原資となって経常利益がかさ上げされてお

り、表面上の利益の捻出をしていることがわかります。

　この場合には売上げによる利益は経常利益にはまったく残っていないため、売上高経常利益率等の利益率を計算しても意味がありません。

　また、企業会計原則の注解1「重要性の原則」では、本来は経常利益のもとで表示される特別損益であっても、金額的に重要性が乏しい場合には営業外損益として表示してよいことになっています。

　これを利用して固定資産売却益等の特別利益である項目が、雑収益や雑収入等の科目名で営業外収益に計上されているケースがあります。

　この場合には経常利益は正しく計算されておらず、こういった利益の捻出を行う会社の評価は低くならざるをえません。

　実務では「雑」勘定や「その他の〜」勘定は、小さいものを集めてきたというよりは、その内容を隠したい場合に使用されることが多いため、雑収益等の計上により経常利益がつくられているかどうかに注意するべきです。

2 利益の抑制について

1とは逆に、利益の抑制を図る決算を行う会社も存在します。

利益の抑制の最も大きな目的は節税対策ですが、一歩間違えば脱税となります。

合法的な範囲内で節税を図るには、税法が認めた範囲内で最も費用（税法では損金といいます）が大きく、最も収益（税法では益金といいます）が小さくなる会計基準を選択することになります。

たとえば固定資産の減価償却について、法人税法では建物以外の固定資産について、原則として定率法による償却を認めています。

この定率法は、定額法など他の減価償却方法よりも早期に多額の償却を行うことになるため、利益（税法では所得といいます）の抑制に役立ち、結果的に節税対策となります。

さらに、利益の抑制を図るためには、減価償却に関して租税特別措置法上の特別償却制度を利用することも多く、こういった制度の利用があれば、意図的に利益の抑制を図っていることが推測されますし、逆にこういった制度の利用がまったくなければ節税の意思はなく、見せかけの利益を計上した粉飾の可能性が出てきます。

租税特別措置法では、利益（所得）を引き下げるこの特別償

却以外にも、利益（所得）の金額はそのままにしながら、法人税だけを下げることができる各種の税額控除制度も設けており、これをフル活用している場合には、利益（所得）が出すぎて困っていることがわかります。

この税額控除制度の利用の有無は法人税納税申告書別表一のなかの3欄でわかりますので、参考にしてください。

また利益を抑制する動機は節税対策以外にも、利害関係者の利益分配要求を退ける目的もあります。

業績のよい会社に対しては、得意先は値下要求を、仕入先・外注先・下請先は値上要求を行い、さらに従業員はボーナスや賃上要求を行います。

優良会社においては、こういった利害関係者の利益分配の要求を避けるために、儲かっていないふりをする利益抑制動機が働きます。

こうしてみると、業績の悪い会社、業績のよい会社はどちらもそれを明らかにしたくないという点で共通しています。

会社も人間と同じように、貧乏な場合は金があるように振る舞い、金持ちは金がないように振る舞う特性があるようです。

さらに中小企業特有の事情として、会社の財産と経営者の個人財産が混然一体となっていることが多く、会社だけをみていても経営実態はわかりません。

会社には財産はなく貧乏なのに、社長はベンツを個人的に乗り回していたりすることはよくある話ですので、社長の自宅を訪問するなど、個人の生活ぶりもある程度は把握する必要があ

ります。

これについては、会社の法人税申告書だけではなく、社長個人の所得税申告書や財産債務調書（注）の入手も検討に値します。

> （注）　財産債務調書制度は、所得税および復興特別所得税（以下「所得税等」といいます）の確定申告書を提出しなければならない方が、その年の総所得金額および山林所得金額の合計額が2,000万円を超え、かつ、その年の12月31日において価額の合計額が3億円以上の財産または価額の合計額が1億円以上である国外転出特例対象財産を有する場合に、財産の種類、数量および価額ならびに債務の金額などを記載した「財産債務調書」を、翌年の3月15日までに所得税の納税地の所轄税務署長に提出する制度です。

つまり、会社と社長個人の会計を連結させ、一種の連結決算を行って全体像を把握する姿勢です。

また、損益面では社長個人は自分の給与を低く抑える一方で、家族や他の親族、さらには役員一族の関連会社へ給与や家賃、配当金、外注費等を分散していることもあります。

したがって、役員一族が受け取っている給与、受取家賃、配当金や役員一族の関連会社への外注費等の支払にも注意し、実質的な利益分配の総額を把握することも重要です。

さらに交際費等の私的費用を会社へ付け替えることにより、会社の利益を調整している場合もあります。

つまり、役員一族にとって会社や関連会社は、その利益や損失を自分たちに自由に付け替えることができるものであり、逆に自分たちの利益や損失を自由に付け替えることができる道具

であるという認識があるわけです。

　このように直接的・間接的に役員一族に対して利益が還流している場合には、その金額を実質的な利益に含めて考える必要があります。

　中小企業等の利益は役員給与等を調整し、増減させることでいかようにもなるため、最終的な利益を先に決めてしまい、そうなるように役員給与等で調整していることが多いのです。

　したがって、会社の業績がよい場合には、（若干の時間のずれはありますが）まず役員給与等が増加し、会社の業績が悪い場合には、まず役員給与等が減少することになります。

**　つまり、中小企業の役員給与等は一種の利益処分・利益分配であるため、それが費用に計上されている場合には、実質的な営業利益に含めて考えるのが妥当です。**

　経営分析の書籍では、総資産経常利益率やその財務比率の分解などの比率分析を重視している例が多いのですが、これは大企業では有用であるものの、こういった事情から、中小企業では財務比率を用いた財務分析はあまり向いていないように思います。

　また、会社の貸借対照表に社長からの借入金があれば、会社はまだ独り立ちしておらず、社長の個人財産に依存していることがわかりますし、逆に社長への貸付金や立替金があれば、社長個人よりも会社のほうに財産があることがわかります（これが不良債権化しやすいのは既述のとおり）。

　これ以外にも、すでにみたように借入先や貸付先に「社長の

友人」が登場すれば、かなり怪しげな人と付き合っていることがわかります。

「社長の友人」に貸付金があれば、回収どころかさらなる貸付が予想されますし（回収可能性はなく、追貸しの可能性がかなり大きい）、「社長の友人」からの借入金があれば、高利のヤミ金融である可能性が大です。

また、同業者内や同じ地域内の会社での資金融通（貸付金や立替金等）の兆候があれば、そのうちの１社の倒産が他の会社の倒産を引き起こす連鎖倒産のリスクが高いことが予想されますので、仲間意識に基づく資金融通という中小企業独特の取引にも注意しなければなりません。

えてして得意先よりも仕入先・外注先・下請先のほうが会社の実態・実情をよく知っているものです。

これは会社の資金繰りが苦しくなると、まず何日締め翌月何日払い等の支払のルールが崩れ、支払が遅れ出すのが普通だからです。

さらに、中小企業では決算書が特異であるだけではなく、収益構造も特異であるため、決算書の見た目のきれいさに騙されないように注意する必要があります。

売上高に含まれる「その他の売上げ」や営業外収益の「雑収入」はもちろんですが、計上するべき費用（たとえば外注費）と負債（たとえば未払金）を意図的に落とすことによって、利益を操作している例もありますし（これは費用の過小計上と負債の過小計上であり、利益と純資産が共に過大計上されています）、

滞留している売掛金と支払が滞っている買掛金を相殺したり、さらには決算書上ではわからないように同じ業界の仲間内で債務保証を行い合っている例もあります。

　この場合の保証債務は潜在的な債務（偶発債務）として簿外負債になりますので、貸借対照表をいくらよくみてもわかりません。

これらの仲間取引が多い業種としては、建設業、不動産業や水産業、さらに宝飾関係や貴金属業などで特に顕著です。

　一見すると教科書的にみえるきれいな決算書であっても、実態がそうであるかどうかはまったく別問題ですので、表向きのきれいさに惑わされず、決算書のなかに何か隠されているものはないか、細心の注意が必要です。

3 決算書の注記をみる

　会社が利益を捻出している問題会社であるのか、利益を抑制している優良会社であるのかは、決算書の注記をみればある程度わかります。

　会社法に基づく**会社計算規則では、重要な会計方針の注記を求めており、この注記はどの会社でも必要**となっています。

　この会計方針とは、財務諸表の作成にあたり会社が採用した会計処理の原則および手続をいいます。

　実際に金融機関から会社へのクレームのなかで多いのが、重要な会計方針の注記もれの改善要求です。

　この注記が実務では重要であることを知っておかなければなりません。

(1) 資産の評価基準および評価方法

　会社法では流動資産の時価が取得価額よりも低下した場合に時価で評価する**低価法**を認めています。

　低価法は、原価と時価の低いほうで評価することからこの名前がついています。

　低価法では原価よりも時価が低下した場合には、時価で評価するため評価損が計上されますが、逆に原価よりも時価が上昇した場合には原価で評価するため評価益は計上されません。

　このため**低価法は利益の抑制に役立つこととなり、優良会社**

の要請に合致します。

低価法を採用している会社は、その姿勢から利益の抑制を図る優良会社といえます。

低価法を理論づけている考え方の一つに**保守主義**があります。

保守主義は英国で生まれた考え方であり、企業会計原則の一般原則でも謳われています（一般原則のほとんどは米国で生まれたものなのですが、保守主義の原則だけは国民性からきているのでしょうか、英国生まれです）。

保守主義の考え方に従うと、費用は早く認識し、収益は遅く認識することで利益の抑制を図ることになります。

この保守主義の思想がみられる会社は、間違いなく優良会社といえるでしょう。

流動資産の評価において、低価法の考え方と対立しているのは**原価法**です。

時価が著しく下落した場合には、原価法でも評価損の計上が求められるのですが、そうでない場合の時価の下落は会計処理されません。

この場合には時価の下落部分が含み損となっており、資産が過大計上されている、すなわち純資産も過大に計上されている状態です。

(2) 固定資産の減価償却の方法

固定資産のうち有形固定資産は、建物・建物附属設備と構築

物を除き法人税法上は定率法での減価償却が原則となっています。

これを法定償却方法と呼んでおり、税務上の届出を行わない場合には、自動的に定率法を選択したとみなされます。

したがって、建物・建物附属設備と構築物を除く有形固定資産の減価償却方法として、定率法ではなく定額法を採用している場合には、会社の意思が働いています。

一般に定額法は定率法よりも減価償却費の負担が軽いことから、定額法を採用した場合には節税メリットを捨ててまで利益の捻出を図っていることになります。

これにより**建物等以外の有形固定資産を定額法で減価償却している会社は、業績の悪い問題会社である**ことが推測されます。

また会社によっては、ある特定の設備だけを定額法で償却しており、他の設備は定率法で減価償却しているケースもあります。

その場合には、定額法で償却している設備に係る特定の事業の収益性、採算性が悪いことを表しています。

その特定の設備に係る事業について、償却負担を軽くして利益が出やすくなるようにしていることが推測されるからです。

さらに、法人税法で定める**耐用年数を意図的に短縮して減価償却しているケース**もあります。

これは程度の問題はありますが、会社法上は認められている適法な償却といえます。

その場合に法人税法上の限度額を超過する部分については、法人税納税申告書のうえで申告調整することになりますが、**耐用年数の短縮を行っている会社は利益の抑制動機が強く働いている優良会社**であることがわかります。

逆に法人税法で定める耐用年数を意図的に延長して減価償却しているケースもありますが、これは法人税法上は問題ないにせよ、会社法に違反した粉飾決算です。

(3) 引当金の計上基準

引当金の計上基準として、設定対象と設定率があります。

たとえば、貸倒引当金を期末の金銭債権に対して2％設定しているなどです。

法人税法では、現在は貸倒引当金と返品調整引当金しか存在しておらず、**中小企業でこれら以外の引当金を設定している場合には、利益の抑制を図る優良会社**であることがわかります。

たとえば、中小企業で退職給付引当金を計上している場合は、それだけで優良企業であることがわかります。

引当金の繰入額は減価償却費と同様に決算整理にしか登場せず、発生主義に基づく概念上の、観念的な費用であるため、利益の調整にしばしば利用されます。

総じて引当金を積極的に計上する会社は利益の抑制を図る優良会社であり、引当金に対して消極的な会社は利益の捻出を図る問題会社であるといえるでしょう。

(4) 収益および費用の計上基準

たとえば工作機械メーカーの売上高の計上基準としては、当社から製品を発送した段階で売上げを計上する**発送基準**と、先方の会社の検収が終わったことを示す検収通知書に基づくものや、さらには試運転を経てはじめて売上高を計上する**検収基準**等があります。

当然のことながら、**発送基準を採用する会社は利益の捻出を図っている問題会社、検収基準等を採用する会社は利益の抑制を図っている優良会社**といえるでしょう。

(5) その他計算書類の作成のための基本となる重要な事項

たとえば不動産開発を行っている会社において、借入れに伴う支払利息は発生時の費用処理と、不動産の資産原価への算入の2通りの会計処理が認められています。

発生時に費用処理する会社は上場会社に多いのですが、これは利益の抑制を図る優良会社、不動産の資産原価へ算入する会社は費用負担の先送りを図る問題会社であることが推定されます。

4 重要な会計方針の変更

　会社法に基づく会社計算規則では、重要な会計方針の変更があった場合、すべての会社にその注記をすることを求めています。

　重要な会計方針の変更があった場合には、変更の向きに気をつけなければなりません。

　つまり、利益を抑制する会計方針から利益を捻出する会計方針への変更であるのか、それとは逆の利益を捻出する会計方針から利益を抑制する会計方針への変更であるのかを見抜かなければなりません。

	利益を抑制する会計方針	利益を捻出する会計方針
流動資産の評価基準	低価法	原価法
固定資産の減価償却の方法	定率法	定額法
引当金の計上基準	積極的	消極的
売上高の計上基準	検収基準等	発送基準
その他	支払利息の費用処理	支払利息の資産原価算入

　利益を抑制する会計方針から利益を捻出する会計方針への変更であれば、それは会社の業績悪化の証拠であり、逆に利益を捻出する会計方針から利益を抑制する会計方針への変更であれば業績改善の証拠といえます。

　会社側は会計方針の変更の理由についていろいろな理由を述

べると思いますが、本当の理由はいずれもいいにくい内容ですので、会社側の説明を鵜呑みにしないように注意してください。

特に利益を抑制する会計方針から利益を捻出する会計方針への変更は、あれこれ工夫して利益をかさ上げしても、それでもなお利益不足であるため行われるのが一般的です。

会計方針の変更は、いわば利益をつくる最後の手段といってよいため、この変更がある場合には決算書の他の部分についても、利益の水増しを図っていないか留意する必要があります。

コラム⑫

経過勘定から会社の業績を知る

コラム⑧の応用として、経過勘定（前払費用、未収収益、未払費用および前受収益）の計上具合をみるだけで、会社の業績はおおよそ見当がつきます。

ここでは、どの会社にも存在する前払費用と未払費用についてみておきましょう。

前払費用の典型例は家賃の前払いです。

ビルや施設を賃借する場合の家賃は、全国どこでも翌月分を今月末までに支払うことになっています。

したがって3月決算の会社で3月に支払う家賃は4月分ですので、3月末では前払費用という資産に計上します。

この前払費用は金銭債権ではないのですが、4月にビルや施設を借りる権利（役務提供請求権といいます）を表しています。

一方、未払費用の典型例は未払いの人件費である未払賞与（あるいは賞与引当金）や未払給料等があげられます。

これ以外にも物件費の未払いもありますので、現実に未払費用がゼロになることはありえません。

この前払費用と未払費用の計上方法の可能性としては、以下の4通りがあります。

① 前払費用と未払費用の両方が計上されているケース

貸借対照表

前払費用　×××	未払費用　×××

② 前払費用のみで未払費用がないケース

貸借対照表

前払費用　×××	

③ 未払費用のみで前払費用がないケース

貸借対照表

	未払費用　×××

④ 前払費用、未払費用共にないケース

貸借対照表

　この４通りのパターンのどれに該当するかで、真の業績の良し悪しの見当をつけることができます。

　まず①のパターンは、前払費用と未払費用を共に計上していることから、まじめに損益計算を行っており、利益捻出や利益抑制の意図は特にありません。

　このパターンは上場会社に多いパターンですが、業績に対して会計処理は中立を保っています。

　次の②のパターンは前払費用のみで未払費用を計上していません。

　これは意図的に行われている可能性が高く、未払費用だけをうっかり計上しなかったとは考えられません。

　前払費用を計上すれば、その額だけ純資産と利益は多額に計上されます。

　未払費用を計上しないことで、同様に純資産と利益は多額に計上されます。

この②のパターンは資産が重く、負債が軽い一例であり、純資産と利益を過大に計上しようとする問題会社のパターンであるといえるでしょう。

逆に③のパターンは未払費用のみで前払費用を計上していません。

これも意図的に行われている可能性が高く、この方法では純資産と利益は過小に計上されます。

さらにこの方法は法人税法でも容認されており、節税対策としても役立つことになります。

この③のパターンは資産が軽く、負債が重い一例であり、純資産と利益を過小に計上しようとする優良会社のパターンであるといえるでしょう。

最後の④のパターンは、①と同じく特に利益捻出や利益抑制の意図はありません。

これは中小企業に多いのですが、現金主義での損益計算を行っており、若干レベルの低い決算であるとはいえ、利益調整の意思は乏しいとみてよいでしょう。

ただしこのパターンでも、未払賞与(または賞与引当金)の金額は大きいことが多いため、これを負債に計上した状態に引き直してみる必要があります。

III 中小企業の会計指針について

(1) 中小企業の会計指針の概要

平成18年5月1日に会社法が施行され、旧商法に準拠した決算書から会社法へ準拠した決算書に変わりました。

会社法では、会社の会計は一般に公正妥当と認められる企業会計の慣行に従うものとしており、中小企業においては日本税理士会連合会、日本公認会計士協会、日本商工会議所および企業会計基準委員会が共同作成した**『中小企業の会計に関する指針』**がこれに該当するとされています。

この指針は中小企業が会社法上の計算書類の作成にあたり、よることが望ましい会計処理や表示方法を示しているものですが、それは同時に中小企業が金融機関に提出する計算書類等の作成基準であるとみることができます。

この指針に準拠して作成された計算書類であれば、金融機関はこれをそのまま利用して与信判断を行うことができるため、融資審査における決算内容の分析と稟議書作成が大幅に簡素化され、その結果として中小企業は融資を受けやすくなる効果が期待できます。

(2) 減価償却と引当金について

この『中小企業の会計に関する指針』ではいくつかのテーマについて、どのように会計処理や表示を行うべきかを規定していますが、ここでは決算において特に重要性の高い減価償却と引当金についてみてみましょう。

〈固定資産〉

> 要　点
> ➤固定資産の減価償却は、経営状況により任意に行うことなく、定率法、定額法その他の方法に従い、耐用年数にわたり毎期継続して規則的な償却を行う

〈固定資産の減価償却〉

　有形固定資産の減価償却の方法は、定率法、定額法その他の方法に従い、毎期継続して適用し、みだりに変更してはならない。なお、減価償却は、固定資産を事業の用に供したときから開始する。

　減価償却における耐用年数や残存価額は、その資産の性質、用途、使用状況等に応じて合理的に決定しなければならない。ただし、法人税法上の耐用年数を用いて計算した償却限度額を減価償却費として計上することも認められる。

「固定資産の減価償却は、経営状況により任意に行うことなく」の文言は、逆にいえば実際には任意に行われているケースが多いことを物語っています。

　ここでは固定資産の減価償却は所定の減価償却方法に従い、毎期継続的・規則的に行うべきであること、つまり**正規の減価償却**を行うべきであることを述べています。

会社法での会計処理を規定している会社計算規則では、正規の減価償却を「**相当の償却**」と呼んでいますが、これと同じ意味です。

　実務上は、「ただし、法人税法上の耐用年数を用いて計算した償却限度額を減価償却費として計上することも認められる」の文章を適用し、**法人税法基準での減価償却を行うことが多いと予想されますが、法人税法基準での償却限度額に満たない償却では、本指針に適合しない点に留意が必要です。**

　つまり、法人税法での限度額以上の減価償却はこの指針に合致するのですが、法人税法での限度額未満ではこの指針に合致しません。

　法人税法で規定している減価償却費は、ここまでは法人税法で認めるという最高限度額なのですが、この指針からみると最低限度額となっており、両者は紙一重のところでつながっているわけです。

〈引当金〉

要　点

➤将来の特定の費用又は損失であって、その発生が当期以前の事象に起因し、発生の可能性が高く、かつ、その金額を合理的に見積もることができる場合には、当期の負担に属する金額を当期の費用又は損失とし、引当金に繰入れなければならない。

―〈引当金の設定要件〉――――――――――――――――――
(1) 次のすべての要件に該当するものは、引当金として計上しなければならない。
　① 将来の特定の費用又は損失であること
　② 発生が当期以前の事象に起因していること
　③ 発生の可能性が高いこと
　④ 金額を合理的に見積もることができること
上記要件に該当しなければ、引当金を計上することはできない。
(2) 引当金のうち、当期の負担に属する部分の金額を当期の費用又は損失として計上しなければならない。

(1)は企業会計原則注解18の引当金の設定要件と同じです。

将来発生する費用であっても、その原因が当期以前に起因している場合には、あらかじめ費用として見積計上することを求めています。

(2)では、引当金は本指針において強制されている旨を明らかにしています。

―〈賞与引当金の計上額〉―――――――――――――――――
翌期に支給する賞与の見積額のうち、当期の負担に属する部分の金額は、賞与引当金として計上しなければならない。

なお、本指針においては、賞与について支給対象期間の定めのある場合、又は支給対象期間の定めのない場合であ

> っても慣行として賞与の支給月が決まっているときは、次の平成10年度改正前法人税法に規定した支給対象期間基準の算式により算定した金額が合理的である限り、この金額を引当金の額とすることができる。

［参考：平成10年度改正前法人税法］

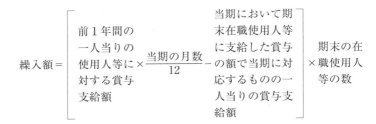

　引当金のうち**賞与引当金**は金額も大きく、損益に影響を与える度合いが大きいため、特別にテーマを設けて、その計上が必要となる旨と計算式を示しています。

　法人税法では、平成10年度税制改正前までは上記の算式による引当金の計上を認め、引当金を繰り入れる費用を損金として計上してよいとしていました（なお同年の税制改正後は、法人税法ではその計上を認めていません）。

　この算式の考え方は、**当期に係る賞与で当期に支払ずみのものを除いた額が当期末に賞与引当金となる**とするものです。

　たとえば3月決算の会社において、4月から9月までの分の賞与を12月に支払う場合には、この分の賞与は当期中に支払ずみとなりますが、10月から翌年3月までの分の賞与を翌年6月

に支払う場合には、3月末において未払いとなっています。

したがって、**3月決算時には10月から翌年3月までの分の賞与を、賞与引当金として負債に計上する**ことが必要となります。

なお法人税法では現在、賞与引当金の計上を認めていないことから、法人税納税申告書のうえで申告調整により、繰入額についての損金算入を取り消すいわゆる自己否認を行うことになります。

〈退職給付債務・退職給付引当金〉

> 要 点
>
> ➤確定給付型退職給付制度(退職一時金制度、厚生年金基金、適格退職年金及び確定給付企業年金)を採用している場合は、(中略)退職給付に係る期末自己都合要支給額を退職給付債務とする方法(簡便的方法)を適用できる。

〈退職給付制度〉

就業規則等の定めに基づく退職一時金、厚生年金基金、適格退職年金及び確定給付企業年金の退職給付制度を採用している会社にあっては、従業員との関係で法的債務を負っていることになるため、(中略)引当金の計上が必要となる。

> **〈確定給付型退職給付債務の計算方法－簡便的方法〉**
>
> 　退職一時金制度の場合、会社が自ら計算することができる方法として退職給付に係る期末自己都合要支給額をもって退職給付債務とすることが認められる。
>
> 　確定給付型の企業年金制度であっても、通常、支給実績として従業員が退職時に一時金を選択することが多い。この場合には、退職一時金制度と同様に退職給付債務を計算することができる。

　確定給付型（退職一時金制度、厚生年金基金、適格退職年金および確定給付企業年金）の退職給付制度を採用している会社では、従業員に対して法的債務（この場合は**条件付債務**といいます）を負っていることになるため、**退職給付引当金**の計上が求められます。

　指針では計算方法としてこれを正確に行う原則法ではなく、**期末自己都合要支給額（期末に職員が自己都合で全員退職した場合に、規程上支払うべき退職金の金額）に基づく簡便法によることを推奨しています。**

　中小企業では退職金の支給額は少ないとはいえ、退職給付引当金を負債に計上すると、同額だけ純資産を減らすことになるため、これによって債務超過（純資産がマイナスの状態）に転落する会社も多いと思います。

　しかし、仮にそうだとしても、その債務超過の状態が実態を表していることになります。

退職給付引当金繰入額は退職給付費用の科目で表されるのですが、この科目は費用計上されてもキャッシュには影響を与えないため、これも支出を伴わない費用であり、減価償却費と同様に自己金融効果をもちます。

ただし賞与引当金と同じく、法人税法では退職給付引当金の計上を認めていないことから、法人税納税申告書のうえで申告調整により、繰入額についての損金算入を取り消す、いわゆる自己否認を行うことになるため、節税効果はありません。

さらにここで注意しなければならない点は、退職給付引当金と最後に『金』がついていても、現金預金が確保されているとは限らない点です。

引当金の繰入れには自己金融効果があるといっても、それが現金預金として確保されている保証はありません。

したがってより健全な財務運営を図るためには、たとえば退職金の支払には中小企業退職金共済の利用や、生命保険会社等の外部の年金基金へ掛け金を支払うほうが望ましいといえるでしょう。

掛け金の支払は引当金のように自己金融効果はもたないのですが、将来の退職金や年金の支払原資は年金基金が確保しているため、将来の支払時点での資金負担はありません。

なお外部（年金基金）への外積みで退職金や年金が100％カバーされていれば、退職給付引当金は不要であり、これに満たない場合にはその不足分の引当金が必要となります。

⑶ チェックリストについて

　金融機関では実務上、以下のチェックリストを用いてこの指針の採用状況をみるのですが、チェックリストでは各々のチェック項目である確認事項について、残高等の有無と、YES、NOのいずれかにチェックを入れる形式になっています。

　顧問税理士等がこのチェックリストを代表取締役に提出し、これが会社側から金融機関に提出されることにより、制度融資の審査がなされるうえで信用保証協会の保証率が有利になったり、担保や借入金利の扱いにおいて優遇措置がとられるスキームができています。

　しかし、有利な適用を受けることを意図して、項目のすべてにYESと回答する例があると聞いています。

　本指針を本当に適用しているのであればすべてYESでまったく問題ありませんが、たとえば減価償却を十分に行っていないにもかかわらず、「減価償却は経営状況により任意に行うことなく、継続して規則的な償却を行ったか」の問いに対してYESと答えた場合、決算書の粉飾に加えてチェックリストでも粉飾を上塗りしていることになりますので、これは厳に慎むよう注意しなければなりません。

　なおNOにチェックを入れた場合には、「所見」欄にその理由等を記載しますが、（＊）が付された「確認事項」については、その事項ごとに理由等を詳細に記載することになっているため、金融機関では特にその理由等に着目しています。

また「所見」欄はこれ以外にも、その会社の経営に関する姿勢、将来性、技術力等、特にみるべきものがある場合に記入することになっており、特に定性的情報について（社長の事業に対する情熱など）の記載が期待されています。

日本税理士会連合会

| 「中小企業の会計に関する指針」の適用に関するチェックリスト |

【平成27年6月改訂】

［会社名］＿＿＿＿＿＿＿＿＿＿＿＿
代表取締役＿＿＿＿＿＿＿＿＿＿＿＿様

　私は、貴社の平成　　年　　月　　日から平成　　年　　月　　日までの事業年度における計算書類への「中小企業の会計に関する指針」の適用状況に関して、貴社から提供された情報に基づき、次のとおり確認を行いました。

平成　　年　　月　　日　税理士＿＿＿＿＿＿＿＿＿＿㊞　登録番号＿＿＿＿＿

［事務所の名称及び所在地］

＿＿＿＿＿＿＿＿＿＿＿＿＿＿税理士法人番号＿＿＿＿＿

［連絡先電話番号］（　　　　　）－

勘定科目		No.	確認事項	残高等	チェック
金銭債権	(1) 預貯金	1	残高証明書又は預金通帳等により残高が確認されているか。		YES NO
	(2) 貸借対照表価額	2	金銭債権がある場合、原則として、取得価額で計上されているか。	無	有 / YES NO
	(3) 手形割引等	3	手形の割引があった場合に、手形譲渡損が計上されているか。	無	有 / YES NO
	(4) 表　示	4	営業上の債権のうち破産債権等で1年以内に弁済を受けることができないものがある場合、それが投資その他の資産の部に表示されているか。	無	有 / YES NO

Ⅲ　中小企業の会計指針について

勘定科目		No.	確認事項	残高等	チェック	
金銭債権	(4) 表示	5	営業上の債権以外の債権でその履行時期が1年以内に到来しないものがある場合、それが投資その他の資産の部に表示されているか。	無	有	
					YES	NO
		6	関係会社に対する金銭債権がある場合、項目ごとの区分表示又は注記がされているか。	無	有	
					YES	NO
		7	受取手形割引額あるいは受取手形譲渡額がある場合、それが注記されているか。	無	有	
					YES	NO
	(5) デリバティブ	8	デリバティブ取引による正味の債権債務で時価評価すべきものがある場合、それが時価で評価されているか。	無	有	
					YES	NO
	(6) 貸倒損失・貸倒引当金	9	債権が法的に消滅した場合又は回収不能な債権がある場合、それらについて貸倒損失が計上され債権金額から控除されているか。（＊）	無	有	
					YES	NO
		10	取立不能のおそれがある金銭債権がある場合、その取立不能見込額が貸倒引当金として計上されているか。（＊）	無	有	
					YES	NO
		11	貸倒損失・貸倒引当金繰入額等がある場合、その発生の態様に応じて損益計算書上区分して表示されているか。	無	有	
					YES	NO
有価証券		12	有価証券がある場合、売買目的有価証券、満期保有目的の債券、子会社株式及び関連会社株式、その他有価証券に区分して評価されているか。	無	有	
					YES	NO
		13	売買目的有価証券がある場合、時価が貸借対照表価額とされ、評価差額は営業外損益とされているか。（＊）	無	有	
					YES	NO
		14	市場価格のあるその他有価証券を保有する場合、それが多額であるか否かによって適正に処理されているか。	無	有	
					YES	NO
		15	時価が取得原価より著しく下落し、かつ、回復の見込みがない市場価格のある有価証券（売買目的有価証券を除く。）を保有する場合、それが時価で評価され、評価差額は特別損失に計上されているか。（＊）	無	有	
					YES	NO

勘定科目	No.	確認事項	残高等	チェック
有価証券	16	その発行会社の財政状態が著しく悪化した市場価格のない株式を保有する場合、それについて相当の減額がなされ、評価差額は当期の損失として処理されているか。（＊）	有 / 無	YES NO
棚卸資産	17	棚卸資産がある場合、原則として、取得原価で計上されているか。	有 / 無	YES NO
	18	棚卸資産について、災害による著しい損傷、著しい陳腐化その他これらに準ずる特別の事実が生じた場合、その事実を反映させて帳簿価額が切り下げられているか。	有 / 無	YES NO
	19	棚卸資産の期末における時価が帳簿価額より下落し、かつ、金額的重要性がある場合には、時価をもって貸借対照表価額とされているか。（＊）	有 / 無	YES NO
	20	最終仕入原価法により評価している棚卸資産がある場合、期間損益計算上、著しい弊害がないことが確認されているか。	有 / 無	YES NO
経過勘定等	21	前払費用と前払金、前受収益と前受金、未払費用と未払金、未収収益と未収金は、それぞれ区別され、適正に処理されているか。（＊）	有 / 無	YES NO
	22	立替金、仮払金、仮受金等の項目のうち、金額の重要なもの又は当期の費用又は収益とすべきものがある場合、適正に処理されているか。	有 / 無	YES NO
固定資産	23	固定資産がある場合、原則として、取得原価で計上されているか。	有 / 無	YES NO
	24	減価償却は経営状況などにより任意に行うことなく、継続して規則的な償却が行われているか。（＊）	有 / 無	YES NO
	25	固定資産の使用可能期間が従来の耐用年数に比して著しく短くなった場合、未経過使用可能期間にわたり減価償却が行われているか。	有 / 無	YES NO
	26	予測することができない減損が生じた固定資産がある場合、相当の減額がなされているか。（＊）	有 / 無	YES NO

勘定科目	No.	確認事項	残高等	チェック	
固定資産	27	使用状況に大幅な変更があった固定資産がある場合、減損の可能性について検討されたか。	無	有	
				YES	NO
	28	研究開発に該当するソフトウェア制作費がある場合、研究開発費として費用処理されているか。	無	有	
				YES	NO
	29	研究開発に該当しない社内利用のソフトウェア制作費がある場合、無形固定資産に計上されているか。	無	有	
				YES	NO
繰延資産	30	繰延資産として計上された費用がある場合、当期の償却が適正になされているか。	無	有	
				YES	NO
	31	税法固有の繰延資産は、投資その他の資産の部に長期前払費用等として計上され、支出の効果の及ぶ期間で償却が行われているか。	無	有	
				YES	NO
金銭債務	32	金銭債務は網羅的に計上され、債務額が付されているか。	無	有	
				YES	NO
	33	借入金その他営業上の債務以外の債務でその支払期限が1年以内に到来しないものがある場合、それが固定負債の部に表示されているか。	無	有	
				YES	NO
	34	関係会社に対する金銭債務がある場合、項目ごとの区分表示又は注記がなされているか。	無	有	
				YES	NO
	35	デリバティブ取引による正味の債権債務で時価評価すべきものがある場合、それが時価で評価されているか。	無	有	
				YES	NO
引当金	36	将来発生する可能性の高い特定の費用又は損失で、発生原因が当期以前にあり、かつ、設定金額を合理的に見積ることができるものがある場合は、それが引当金として計上されているか。（＊）	無	有	
				YES	NO
	37	役員賞与が支給された場合、発生した事業年度の費用として処理されているか。	無	有	
				YES	NO

勘定科目	No.	確認事項	残高等	チェック	
退職給付債務・退職給付引当金	38	確定給付制度(退職一時金制度、厚生年金基金、適格退職年金及び確定給付企業年金)が採用されている場合は、退職給付引当金が計上されているか。(＊)	無	有	
				YES	NO
	39	確定拠出制度(中小企業退職金共済制度、特定退職金共済制度及び確定拠出型年金制度)が採用されている場合は、毎期の掛金が費用処理されているか。(＊)	無	有	
				YES	NO
	40	新たな会計処理の採用に伴う影響額が定額法により費用処理されている場合は、未償却の金額が注記されているか。	無	有	
				YES	NO
税金費用・税金債務	41	法人税、住民税及び事業税は、発生基準により損益計算書に計上され、決算日後に納付すべき税金債務は、流動負債に計上されているか。		YES	NO
	42	税額控除の適用を受ける受取配当・受取利息に関する源泉所得税がある場合、法人税、住民税及び事業税に含められているか。	無	有	
				YES	NO
	43	決算日における未払消費税等(未収消費税等)がある場合、未払金(未収入金)又は未払消費税等(未収消費税等)として表示されているか。	無	有	
				YES	NO
税効果会計	44	一時差異の金額に重要性がある繰延税金資産又は繰延税金負債がある場合、それが計上され、その主な内訳等が注記されているか。	無	有	
				YES	NO
	45	繰延税金資産が計上されている場合、厳格かつ慎重に回収可能性が検討されたか。	無	有	
				YES	NO
純資産	46	純資産の部は株主資本と株主資本以外に区分され、株主資本は、資本金、資本剰余金、利益剰余金に区分され、また、株主資本以外の各項目は、評価・換算差額等及び新株予約権に区分されているか。		YES	NO
収益・費用の計上	47	収益及び費用については、一会計期間に属するすべての収益とこれに対応するすべての費用が計上されているか。(＊)		YES	NO

勘定科目	No.	確認事項	残高等	チェック
収益・費用の計上	48	原則として、収益については実現主義により、費用については発生主義により認識されているか。（＊）		YES NO
リース取引	49	所有権移転外ファイナンス・リース取引の借手となり賃貸借取引による処理が行われた場合、未経過リース料が注記されているか。	無	有 / YES NO
外貨建取引等	50	外貨建取引が行われた場合、原則として、取引発生時の為替相場による円換算額により記録されているか。	無	有 / YES NO
	51	外国通貨又は外貨建金銭債権債務（外貨預金を含む。）がある場合、決算時の為替相場による円換算額が付されているか。	無	有 / YES NO
	52	外貨建ての子会社株式及び関連会社株式がある場合、取得時の為替相場による円換算額が付されているか。	無	有 / YES NO
株主資本等変動計算書	53	株主資本の各項目は、当期首残高、当期変動額及び当期末残高に区分され、当期変動額は変動事由ごとにその金額が表示されているか。		YES NO
	54	株主資本以外の各項目がある場合、当期首残高、当期変動額及び当期末残高に区分され、当期変動額は純額で表示されているか。	無	有 / YES NO
	55	発行済株式及び自己株式について、その種類及び株式数に関する事項が注記されているか。		YES NO
	56	剰余金の配当があった場合、当期中の支払額及び翌期の支払額が注記されているか。	無	有 / YES NO
個別注記表	57	重要な会計方針に係る事項について注記されているか。		YES NO
	58	会社の財産又は損益の状態を正確に判断するために必要な事項がある場合、それが注記されているか。	無	有 / YES NO
上記以外の「中小企業の会計に関する指針」の項目について適用状況を確認したか。				YES NO

当期において会計方針の変更等があった場合には、その内容及び影響額	

所　見	

※「残高等」欄については、該当する勘定科目の残高がない場合又は「確認事項」に該当する事実がない場合は「無」を○で囲み、これらがある場合は、「確認事項」のとおり「中小企業の会計に関する指針」に従って処理しているときは、「チェック」欄の「YES」を、同指針に従った処理をしていないときは同欄の「NO」を○で囲む。

※「NO」の場合は、「所見」欄にその理由等を記載する（なお、（＊）が付された「確認事項」については、その事項ごとに理由等を詳細に記載する。）。

※「所見」欄は、上記の点のほか、当該会社の経営に関する姿勢、将来性、技術力等、特にみるべきものがある場合に記入する。

コラム⑬

法人税法の本音と会社法の本音

　法人税法の本音としては、税収確保のためになるべく課税ベースである所得が大きくなるようにしたいという隠れた意図があると思われます。

　これによりたとえば引当金制度が縮減し、法人税法上は引当金がほとんどなくなってしまいました。

　一方で会社法の本音としては、会社に融資をしている金融機関をはじめとする債権者（借入金等の相手先です）を保護するために、株主に帰属する利益はなるべく小さくなるようにしたいという隠れた意図があります。

　これにより会社法ではたとえば有価証券について低価法（時価が原価よりも低下した場合に時価で評価して、評価損を計上する方法）を容認しており、これを認めていない法人税法との間に乖離が生まれています。

　この両者の本音の乖離が、会計処理や税務調整を複雑かつ煩雑なものにしていると考えられます。

【事項索引】

[ア行]

アーバンコーポレイション ……………………… 16, 139
粗利益 …………………… 50
一年基準(ワンイヤールール) ……………………… 6
イチロー方式 …………… 25
受取手形 ………………… 17
受取利息 ………………… 69
売上原価 ……………… 50, 59
売上債権 ……………… 17, 111
売上総利益 ……………… 50
売上高 …………………… 50
売掛金 …………………… 17
運転資金(運転資本) …… 31
営業外収益 ……………… 50, 68
営業外費用 ……………… 50
営業利益 ………………… 50
益出し …………………… 68
エフオーアイ ……… 19, 55, 182
オリンパス ……………… 125

[カ行]

買掛金 …………………… 29
会計方針 ……………… 210, 215
会社会計規則 ………… 210, 215
会社法 ………………… 238
回転期間分析 ………… 15, 19
回転差資金 …………… 113, 168
開発費 …………………… 36
架空在庫 ………………… 60

確定給付型退職給付債務 … 228
貸倒損失 ………………… 17
貸倒引当金 …………… 17, 41
株主資本 ………………… 43
貨幣性資産 ……………… 28
貨幣性負債 ……………… 28
仮払金 …………………… 22
勘定式貸借対照表 ……… 4
期間損益計算 …………… 65
期首商品棚卸高 ………… 59
期末自己都合要支給額 …… 228
期末商品棚卸高 ………… 59
キャッシュ ……………… 95
キャッシュフロー計算書 (間接法) ……………… 103
キャッシュフロー計算書 (直接法) ……………… 102
繰越利益剰余金 ………… 45
繰延資産 ………………… 36
経過勘定 ……………… 217
経常利益 ………………… 50
減価償却 ……… 63, 67, 211, 223
原価法 ………………… 211, 215
検収基準 ……………… 214, 215
工事進行基準 …………… 121
工事損失引当金 ………… 121
小杉産業 ………………… 73
固定 ……………………… 3

[サ行]

財産債務調書 …………… 206

財政状態 …… 2
先入先出法 …… 96
雑費 …… 65
雑流動資産 …… 22
仕入債務 …… 29,112
自己金融効果 …… 13,64,229
自己資本 …… 3
自己否認 …… 227,229
資産 …… 2
資産の過大計上
　…… 13,26,58,61,64
実質金利 …… 69
実地棚卸 …… 14
支払手形 …… 29
支払利息 …… 69,214,215
資本金 …… 45
資本準備金 …… 45
資本剰余金 …… 45
収益 …… 48
収益性負債 …… 28
収益の過小計上 …… 26,58
収支ズレ …… 32
純資産 …… 2,43
純資産の過大計上 …… 26
償却前利益 …… 106
正味運転資本 …… 5,25,116
賞与引当金 …… 41,225
所得税申告書 …… 206
スルー取引 …… 57
税額控除制度 …… 205
正常営業循環基準 …… 6
税引前当期純利益 …… 51
節税効果 …… 13,64

設備投資 …… 32
前期比較 …… 10,54
総資本 …… 3
相対的真実性 …… 96
その他資本剰余金 …… 45
その他の売上げ …… 54
その他の流動資産 …… 22
その他利益剰余金 …… 45
損失 …… 48

[タ行]
退職給付引当金 …… 41,225
耐用年数 …… 212,223
滞留在庫 …… 59
立替金 …… 22
棚卸資産（在庫）…… 10,112
他人資本 …… 3
段階別利益 …… 50
短期貸付金 …… 23
短期借入金 …… 38
中小企業退職金共済 …… 229
中小企業の会計に関する指
　針 …… 222,231
定額法 …… 212,215,223
低価法 …… 210,215
定率法 …… 212,215,223
当期純利益 …… 51
当期商品仕入高 …… 59
当座比率 …… 15
東芝 …… 121
投融資 …… 33
特別償却制度 …… 205
特別損失 …… 51

特別利益 …………………… 51

[ナ行]

内部統制 …………………… 94
仲間取引 …………………… 209
ノヴァ ……………………… 167
ノエル ………………… 9,16,154
のれん …………………… 35,121

[ハ行]

バイセル取引 ……………… 121
配当性向 …………………… 194
発送基準 ……………… 214,215
販売費および一般管理費
 ……………………… 50,62
販売用不動産 ……………… 140
引当金 ……………………… 224
費用 ………………………… 48
表示上の粉飾 ……………… 31
費用収益対応の原則 ……… 65
費用性資産 ………………… 28
費用の過小計上
 ………… 13,26,61,64,208
負債 ………………………… 2
負債の過小計上 …… 26,64,208
不動産の証券化 …………… 140
フリーキャッシュフロー … 109
不良債務 …………………… 5

平均法 ……………………… 96
報告式貸借対照表 ………… 4
法人税納税申告書別表一 … 205
法人税法 …………………… 238

[マ行]

マイカル …………………… 80
前受金 ……………………… 168
前受収益 …………………… 217
前払金 ……………………… 23
前払費用 ………………… 23,217
未収金 ……………………… 22
未収収益 …………………… 217
未払金 ……………………… 39
未払費用 ………………… 39,217

[ヤ行]

役員給与 ………………… 62,207
Uターン取引 ……………… 56

[ラ行]

利益 ………………………… 48
利益準備金 ………………… 45
利益剰余金 ………………… 45
利益の過大計上 …………… 26
流動 ………………………… 3
流動比率 …………………… 5,25
連結 ………………………… 43

■編著者略歴■

都井　清史（とい　きよし）

1960年3月1日生まれ（兵庫県伊丹市出身）
1983年神戸大学経営学部会計学科卒業
1988年公認会計士都井事務所を設立
2005年税理士登録

［著書］
『コツさえわかればすぐ使える粉飾決算の見分け方（第3版）』
『中小企業のための種類株式の活用法──会社法で変わる事業承継対策』
（以上、金融財政事情研究会）
『図解　超わかるキャッシュ・フロー（第2版）』（銀行研修社）
『新公益法人の会計と税務』（学陽書房）
『新公益法人の制度・税務・会計』（学陽書房）

KINZAIバリュー叢書
粉飾決算企業で学ぶ実践「財務三表」の見方【増補改訂版】

2018年3月13日　第1刷発行
（2011年5月10日　初版発行）

　　　　　　著　者　都　井　清　史
　　　　　　発行者　小　田　　　徹
　　　　　　印刷所　株式会社日本制作センター

〒160-8520　東京都新宿区南元町19
発　行　所　一般社団法人 金融財政事情研究会
企画・制作・販売　株式会社きんざい
　　出 版 部　TEL 03(3355)2251　FAX 03(3357)7416
　　販売受付　TEL 03(3358)2891　FAX 03(3358)0037
　　　　　　URL http://www.kinzai.jp/

・本書の内容の一部あるいは全部を無断で複写・複製・転訳載すること、および磁気または光記録媒体、コンピュータネットワーク上等へ入力することは、法律で認められた場合を除き、著作者および出版社の権利の侵害となります。
・落丁・乱丁本はお取替えいたします。定価はカバーに表示してあります。

ISBN978-4-322-13253-3